Títulos relacionados

ADGG0408 OPERACIONES AUXILIARES DE SERVICIOS ADMINISTRATIVOS Y GENERALES

[DISPONIBLE CERTIFICADO COMPLETO]

Gestión auxiliar de archivo en soporte convencional o informático
UF0513
Óscar Sánchez Estella, Ricardo Herrero Domingo y Mª Ángeles Hortigüela Valdeande

ISBN: 9788428341776

Gestión auxiliar de reproducción en soporte convencional o informático
UF0514
Óscar Sánchez Estella, Ricardo Herrero Domingo y Mª Ángeles Hortigüela Valdeande

ISBN: 9788428327596

Organización empresarial y de recursos humanos
UF0517
Óscar Sánchez Estella, Ricardo Herrero Domingo y Mª Ángeles Hortigüela Valdeande

ISBN: 9788428341943

Gestión auxiliar de correspondencia y paquetería en la empresa
UF0518
Óscar Sánchez Estella, Ricardo Herrero Domingo y Mª Ángeles Hortigüela Valdeande

ISBN: 9788428341950

Gestión auxiliar de documentación económico-administrativa y comercial
UF0519
Óscar Sánchez Estella, Ricardo Herrero Domingo y Mª Ángeles Hortigüela Valdeande

ISBN: 9788428341172

Comunicación en las relaciones profesionales
UF0520
Óscar Sánchez Estella, Ricardo Herrero Domingo y Mª Ángeles Hortigüela Valdeande

ISBN: 9788428327664

Comunicación oral y escrita en la empresa
UF0521
Óscar Sánchez Estella, Ricardo Herrero Domingo y Mª Ángeles Hortigüela Valdeande

ISBN: 9788428341783

Solicítalos en:

- Librería
- www.paraninfo.es
- Solicitudes nacionales 914 463 350
- Solicitudes fuera de España +34 913 308 907, +34 913 308 919

Comunicación oral y escrita en la empresa
UF0521

Óscar Sánchez Estella
Ricardo Herrero Domingo
Mª Ángeles Hortigüela Valdeande

Coordinador: Óscar Sánchez Estella
Diseño y maquetación: Ediciones Nobel, S. A.

ISBN: 978-84-283-4178-3
Depósito legal: M-35187-2018
Impresión: Ulzama Digital (Huarte, Navarra)

Impreso en España

Óscar Sánchez Estella es un profesional del sector administrativo-comercial con una dilatada trayectoria tanto académica como profesional. Es Diplomado en Ciencias Empresariales (Banca, Bolsa y Seguros), Licenciado en Ciencias del Trabajo y Graduado en Administración y Dirección de Empresas.

Tiene una experiencia de muchos años como profesor técnico de Formación Profesional en diversos Institutos de Educación Secundaria en las especialidades de Procesos de Gestión Administrativa y Procesos Comerciales; asimismo es profesor asociado en el Departamento de Contabilidad y Finanzas de la Universidad de Zaragoza. Ha impartido numerosos seminarios y cursillos enfocados fundamentalmente a la formación en sistemas de gestión de calidad y nuevas tecnologías.

Ricardo Herrero Domingo es un profesional del sector administrativo-comercial con una amplia experiencia impartiendo clases como profesor de Formación Profesional de Administración y Gestión, y como profesor numerario de Tecnología administrativa.

Ha sido el coordinador del proyecto de innovación e investigación educativa: Integración de Metodología SEFED de simulación de empresas en el Proyecto curricular de la Familia Profesional de Administración y Gestión.

Ha publicado en coautoría varios títulos de esta materia: *PCPI. Técnicas administrativas básicas de oficina*, *PCPI. Reproducción y archivo* y *PCPI. Operaciones básicas de comunicación*.

Mª Ángeles Hortigüela Valdeande es una profesional del sector administrativo-comercial con una dilatada trayectoria profesional. Técnica especialista administrativa, desarrolla su trabajo como profesora técnica de Formación Profesional en diversos institutos de Educación Secundaria, en las materias de Procesos de gestión administrativa y Procesos comerciales.

Ha impartido numerosos seminarios y cursillos enfocados fundamentalmente a la formación en sistemas de gestión de calidad y nuevas tecnologías.

Ha publicado en coautoría algunos títulos destacados como *Operaciones básicas de comunicación* o *Análisis y gestión de los instrumentos de cobro y pago*, entre otros.

Índice

Introducción normativa

La Ley Orgánica 5/2002, de 19 de junio, de las Cualificaciones y de la Formación Profesional fue el primer texto legislativo que reguló de forma exclusiva las enseñanzas profesionales en España. Una de sus novedades consistió en relacionar directamente la formación con el empleo, permitiendo las convalidaciones y equivalencias entre la Formación Profesional del sistema educativo, la Formación Profesional para el empleo, y experiencia laboral. Para poder desarrollar estas medidas se creó el Sistema Nacional de Cualificaciones Profesionales y dos instrumentos básicos: el Catálogo Nacional de Cualificaciones Profesionales y el Catálogo Modular de Formación Profesional.

Las Cualificaciones Profesionales responden a la iniciativa que impulsa el Marco Europeo de las Cualificaciones (EQF), para facilitar un espacio abierto de aprendizaje y de empleo, así como la adecuación entre oferta y demanda no solo a nivel estatal, sino entre los distintos países.

El Catálogo Nacional de Cualificaciones Profesionales ordena las cualificaciones profesionales, incluyendo el contenido de la formación profesional asociada a cada cualificación, de acuerdo con una estructura de módulos formativos articulados en un Catálogo Modular de Formación Profesional. Entre sus principales objetivos tiene el posibilitar la integración de las ofertas de formación profesional, adecuándolas a las características y demandas del sistema productivo.

Para conseguirlo, este Catálogo, además de identificar y definir las cualificaciones profesionales que requiere el sistema productivo, establece los contenidos formativos básicos que resultan necesarios para que las ofertas formativas garanticen la adquisición de las competencias profesionales apropiadas para el desempeño profesional.

Las Cualificaciones Profesionales se acreditan mediante "Títulos" de Formación Profesional del sistema educativo, y Certificados de Profesionalidad de Formación para el Empleo. Ambas acreditaciones tienen carácter oficial y son válidas en todo el Estado.

Los contenidos asociados a las cualificaciones profesionales constituyen el Catálogo Modular de Formación Profesional, que se estructura en módulos formativos.

Mediante la superación de los módulos formativos, diseñados en itinerarios específicos para cada Cualificación Profesional, se puede obtener el Certificado de Profesionalidad correspondiente. Además, se posibilita la convalidación de determinados módulos profesionales incluidos en los títulos de Formación Profesional del sistema educativo, asociados a Unidades de Competencia comunes.

El Certificado de Profesionalidad es, por tanto, el instrumento de acreditación, en el ámbito de la Administración laboral, de las cualificaciones profesionales incluidas en el Catálogo Nacional de Cualificaciones Profesionales, adquiridas a través de procesos formativos o mediante procedimientos de reconocimiento de competencias profesionales adquiridas por experiencia laboral o vías no formales de formación, regulados por el Real Decreto 1224/2009, de 17 de julio.

ESTRUCTURA DE UNA CUALIFICACIÓN

DATOS DE IDENTIFICACIÓN
Denominación
Nivel
Competencia general
Entorno profesional

UNIDADES DE COMPETENCIA		FORMACIÓN ASOCIADA
Unidad de competencia 1	⟷	Módulo formativo 1
Unidad de competencia 2	⟷	Módulo formativo 2
Unidad de competencia N	⟷	Módulo formativo N

Las cualificaciones profesionales se estructuran en unidades de competencia, que se definen como agrupaciones de tareas productivas específicas que debe realizar el profesional. Las diferentes unidades de competencia de un certificado de profesionalidad conforman la Competencia General, definiendo el conjunto de conocimientos y capacidades que permiten el ejercicio de una actividad profesional determinada.

Cada unidad de competencia lleva asociado un módulo formativo, donde se describe la formación necesaria para adquirir esa unidad de competencia, pudiendo dividirse en unidades formativas.

El módulo formativo es el bloque coherente de formación asociado a cada una de las unidades de competencia que configuran la cualificación. Cada módulo formativo tiene un formato normalizado que incluye los datos de identificación y las especificaciones de la formación que se incluyen en las ofertas formativas conducentes a la obtención de los certificados de profesionalidad.

DATOS DE IDENTIFICACIÓN:

— Denominación.
— Nivel de cualificación al que se vincula.
— Unidad de competencia a la que está asociado.
— Código alfanumérico y duración en horas.

ESPECIFICACIONES DE LA FORMACIÓN:

— Capacidades: expresión de los resultados esperados de las personas en situación de aprendizaje al finalizar el Módulo Formativo.

— Criterios de evaluación: conjunto de precisiones para cada capacidad que indican el grado de concreción aceptable de la misma. Delimitan el alcance y nivel de la capacidad y el contexto en el que va a ser evaluada.

— Contenidos formativos necesarios para adquirir las competencias a las que se asocia. Requisitos básicos del contexto formativo: espacios e instalaciones y perfil profesional del formador. Estos requisitos tienen carácter orientador para la normativa básica reguladora de las ofertas formativas.

El presente libro desarrolla la Unidad Formativa Comunicación oral y escrita en la empresa, UF 0521, está asociado a la unidad de competencia UC 0970_1 perteneciente a la cualificación profesional de referencia ADG305_1, de nivel 1, incluida en el certificado de profesionalidad Operaciones auxiliares de servicios administrativos y generales de la familia profesional Administración y Gestión.

Según el RD 645/2011 de 9 de mayo, los contenidos que en esta obra se recogen se corresponden con una duración de 70 horas.

Tanto la estructura como el desarrollo del libro se ajustan al citado RD y más concretamente a los contenidos de la Unidad Formativa que le da título, "Comunicación oral y escrita en la empresa".

Contenidos

1. La comunicación oral

- El lenguaje oral.
  - Concepto y características.
  - Características de los mensajes orales.
  - Elementos de la comunicación oral.
  - Funciones de la comunicación oral.
  - Clases de comunicación oral: inmediatas, individuales o colectivas.
  - Planificación de la comunicación oral.
  - Formas de comunicación oral: entrevista, reunión, debate.
- La comunicación no verbal.
  - Los mensajes en la comunicación no verbal: voluntarios e involuntarios.
  - Recursos no verbales en la comunicación oral: entonación, gestuales y espaciales.
  - Aspectos importantes en la comunicación no verbal: mirada, postura, gestos.
- La comunicación verbal y no verbal en la comunicación presencial.
  - Pautas de comportamiento e imagen corporativa.
  - Normas para conversar.
  - Reglas para escuchar.
  - Criterios de calidad: empatía, amabilidad.
  - Tratamiento de las objeciones.
  - Las quejas y reclamaciones.
- La comunicación telefónica.
  - El teléfono en la actividad empresarial.
  - Pautas de atención telefónica en la empresa: voz, sonrisa, silencio, expresión, etc.
  - Reglas para efectuar una llamada de teléfono.
  - Pasos para contestar una llamada de teléfono.
  - Protocolos de tratamiento.
  - Barreras y dificultades en la transmisión de información.
  - Tipos de llamadas telefónicas.
  - Sistemas de comunicación telefónica en la empresa.
  - Búsqueda de información telefónica.
- Normas de seguridad, registro y confidencialidad en la comunicación presencial y telefónica.

2. La comunicación escrita

- La escritura como medio de comunicación.
  - El mensaje escrito: concepto.

    - Características del mensaje escrito.
    - Tipos de comunicaciones escritas.
    - Principios en la redacción para la eficacia del mensaje escrito.
    - Planificación de los textos.
    - La corrección sintáctica y gramatical.
    - Los signos de puntuación.
    - Las abreviaturas y siglas.
- Equipos y sistemas de comunicación escrita.
    - Los sistemas de comunicación: concepto.
    - El ordenador.
    - Otras herramientas de comunicación: fax.
- Comunicaciones escritas internas de carácter breve.
    - Concepto.
    - Tipos de comunicaciones internas.
    - Los avisos: concepto y forma de elaboración.
    - Los rótulos: tipos de soporte y papeles, instrumentos y técnicas.
    - Los comunicados de régimen interior: concepto y forma de elaboración.

3. Aplicaciones y medios informáticos que intervienen en la gestión de la comunicación empresarial

- El correo electrónico:
    - Elementos que lo componen.
    - Envío de correos.
    - Recepción de correos.
    - Archivo de correos.
- La agenda electrónica:
    - Contactos.
    - Tareas.
    - Notas.
    - Calendario.
- Procesador de texto:
    - Estructura de un procesador de texto.
    - Funciones de un procesador de texto.
    - Gestión de documentos.
    - Modelos de documentos: fax, memorándum, etc.
    - Aplicación de formato a documentos.
    - Edición de documentos.
    - Impresión de documentos.

1. La comunicación oral

Introducción

Los humanos, a diferencia del resto de los animales, podemos expresarnos a través de la palabra. La comunicación oral, como cualquier tipo de comunicación, se destaca por un simple motivo: mantiene contactados a los seres humanos. El lenguaje nos sirve para construir nuestras ideas, para hacer volar nuestra imaginación y para contactar con los demás.

La comunicación oral fue la primera y, durante un largo período de tiempo, la única forma de comunicación. A medida que los años transcurrieron el hombre se dio cuenta que esta forma de contacto podía modificarse con el objetivo de alcanzar a una mayor cantidad de personas, es así como luego nace la comunicación escrita.

Hace mucho tiempo, la comunicación oral consistía sólo en gritos y gestos. Con el paso del tiempo, fue creciendo hasta convertirse en lo que es ahora.

Contenido

1.1. El lenguaje oral

En la unidad formativa "Comunicación en las relaciones profesionales" se ha estudiado qué era la comunicación y cuáles eran los elementos necesarios para que exista. En cualquier tipo de comunicación, entre las que se encuentra la comunicación oral, **debe existir**:

- Una emisión de **información** o mensaje.
- Realizado por medio del **emisor**.
- Que llevará a una **reacción/respuesta** al mensaje o información recibida.
- Por parte del **receptor**.

En la siguiente figura podemos ver la representación gráfica de lo explicado anteriormente.

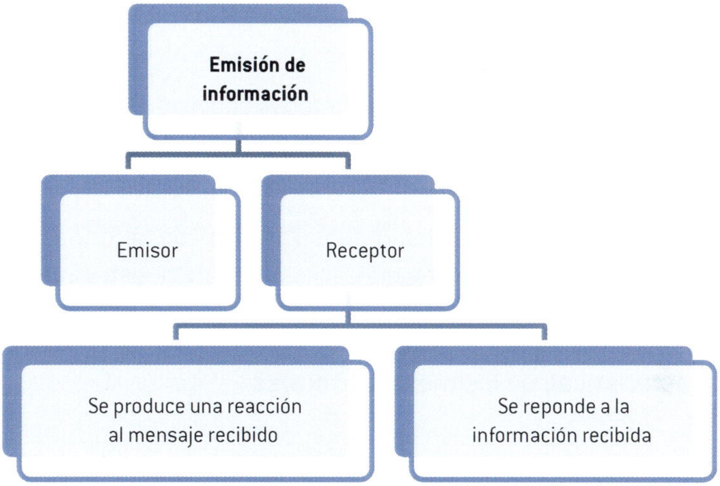

Figura 1.1. La comunicación oral.

1.1.1. Concepto y características

Para comenzar con el estudio de la comunicación oral, deberíamos preguntarnos ¿qué entendemos por comunicación oral?

Es el acto por el cual una persona establece un contacto con otra de forma verbal, transmitiendo una información que puede permitir una respuesta inmediata.

Hay múltiples formas de comunicación oral. Los gritos, silbidos, llantos y risas pueden expresar diferentes situaciones anímicas y son una de las formas más primarias de la comunicación. La forma más evolucionada de comunicación oral es el lenguaje articulado, es decir, los sonidos estructurados que dan lugar a las sílabas, palabras y oraciones con las que nos comunicamos con los demás.

Si queremos conseguir que nuestra comunicación oral, ya sea un discurso, mensaje o exposición, sea comprendida de una forma sencilla por nuestros interlocutores, debemos tener en cuenta lo siguiente:

- **Definición**. Debemos indicar brevemente el motivo de nuestra exposición antes de comenzarla, lo que pretendemos conseguir con ella, las razones que nos llevan a intervenir, etc.
- **Estructura**. Tenemos que procurar en todo momento que el mensaje que tratamos de emitir esté bien ordenado por etapas y de una forma coherente.
- **Énfasis**. Trataremos de ensalzar aquellas palabras o frases que refuerzan nuestra exposición, aplicando estrategias como elevar un poco más el tono de voz o realizar pequeñas pausas.
- **Repetición**. Conviene ahondar y repetir todas aquellas palabras y frases que nos ayuden a captar la atención de nuestro interlocutor, y así posibilitar una mejor comprensión de nuestro mensaje.
- **Sencillez**. Procuraremos exponer nuestras ideas de la forma más clara y sencilla y utilizar el vocabulario más accesible para nuestro interlocutor.

1.1.2. Características de los mensajes orales

Además de los aspectos mencionados anteriormente, debemos intentar que el mensaje que tratamos de emitir posea las siguientes **características**:

- **Claridad**. Evitar palabras rimbombantes, expresiones técnicas, etc., y emplear párrafos y frases cortas.
- **Brevedad**. Es importante centrarse en el tema.
- **Cortesía**. Hay que saludar y presentarse antes de comenzar a hablar, mantener una actitud positiva durante la exposición, etc.
- **Cercanía**. Se debe utilizar expresiones en primera persona y evitar el tratamiento impersonal del receptor.

1.1.3. Elementos de la comunicación oral

Los elementos que intervienen en la comunicación oral son los siguientes:

- **Emisor**: quien emite el mensaje.
- **Receptor**: el que recibe el mensaje (puede ser una persona, un animal, un grupo de personas y hasta una máquina: la calefacción automática, por ejemplo, puede recibir el mensaje de un termostato que le "ordena" ponerse en marcha cuando ha descendido la temperatura).
- **Mensaje**: información o el conjunto de informaciones que se transmiten.
- **Canal**: vía por la cual circulan los mensajes.
- **Código**: conjunto de los signos y sus reglas para combinarlos.
- **Situación o contexto**: contribuye esencialmente a comprender el mensaje. Así, si estamos en clase y suena un timbre, esto significará que ha acabado la hora; en cambio, si estamos en casa, significará que alguien llama a la puerta.

1.1.4. Funciones de la comunicación oral

Tal y como hemos indicado anteriormente, por medio del lenguaje hablado transmitimos ideas, mensajes, pensamientos y sentimientos, y del mismo modo recibimos los mensajes que otros nos dirigen.

Si tomamos el esquema general y básico de la comunicación:

EMISOR → MENSAJE → RECEPTOR

podemos adaptarlo a la comunicación oral:

HABLANTE → MENSAJE → OYENTE

De los elementos de este esquema se derivan varias funciones:

- **Función informativa**: está relacionada con la transmisión y recepción de la información. A través de ella se proporciona a los individuos de toda la experiencia social, así como de formación en hábitos, habilidades, etc.
- **Función emotiva o expresiva**: cuando el hablante expresa sus sentimientos o emociones.
- **Función apelativa**: busca atraer la atención del oyente o recibir una respuesta. Forman parte de ella las órdenes, consejos, instrucciones, etc.

1.1.5. Clases de comunicación oral

Si nos centramos en el ámbito de las organizaciones, se pueden clasificar las comunicaciones orales atendiendo a diversos criterios:

SEGÚN	**El tiempo transcurrido**	**Directas**. El emisor y el receptor intervienen alternativamente en la comunicación.	Entrevista personal, conversación telefónica, videoconferencia...
		Diferidas. Transcurre un tiempo desde que el emisor envía el mensaje y el receptor lo recibe.	Contestador automático, buzones de voz...
	El ámbito en el que se desarrollan	**Internas**. Se producen entre dos o más personas dentro del mismo ámbito.	Reunión de jefes de departamento, reunión de empleados del mismo departamento...
		Externas. Se realizan entre personas que no pertenecen al mismo ámbito.	Comunicaciones con clientes, Organismos oficiales...
	El número de personas que intervienen	**Individuales**. Existe un solo emisor y un solo receptor.	Reunión entre trabajador y jefe, trabajador y trabajador...
		Colectivas. Cuando interviene un grupo de personas.	Debate, conferencia...
	La dirección	**Ascendentes**. Cuando se dirige un inferior a un superior.	Comunicación del trabajador a su jefe.
		Horizontales. Los interlocutores pertenecen a una misma categoría laboral.	Reunión del personal de compras.
		Descendentes. Un superior se dirige a un inferior.	Comunicación del director al jefe de personal.

Figura 1.2. Clasificación de las comunicaciones orales.

Ejemplo

¿Qué clase de comunicación oral se da en la siguiente comunicación? "Eres la auxiliar administrativa de una empresa y vas al despacho de tu jefe para informarle personalmente sobre las ventas realizadas en el último mes".

SOLUCIÓN:

Directa, interna, individual, ascendente.

Hay que tener muy presente que las comunicaciones orales presentan ventajas e inconvenientes, tal y como se muestra en la siguiente tabla.

VENTAJAS	Inmediatez en la transmisión del mensaje.	Llamada telefónica de un cliente para realizar un pedido.
	Posibilidad de retroalimentación rápida.	Conversación con una compañera sobre la hora a la que se va a comer.
	Facilidad para aclaraciones y rectificaciones.	Llamada de teléfono a un proveedor sobre un pedido que ha realizado.
	Opción de apoyo en el lenguaje no verbal (principalmente cuando la comunicación es directa).	Te encuentras con una persona que está llorando, le preguntas qué le sucede y te comenta que su gato ha desaparecido.
INCONVENIENTES	Falta de registro/documentación del mensaje.	Tu jefe te encarga unas tareas de forma oral pero cuando llegas a tu puesto de trabajo no recuerdas una de ellas.
	Posibilidad de que las reiteraciones o los filtros en la comunicación se transformen en ruido y se desvirtúe el mensaje original.	Un compañero intenta explicarnos el argumento de la última película que ha visto, pero como utiliza muchas muletillas y se repite durante la conversación, no conseguimos captar bien la historia.

Figura 1.3. Ventajas e inconvenientes de la comunicación oral.

1.1.6. Planificación de la comunicación oral

Hay que tener siempre en cuenta que el camino que siguen los mensajes que se emiten es muy peculiar. Observa la siguiente imagen.

Figura 1.4. De lo que se quiere decir a lo que se pone en práctica.

Se puede comprobar que entre "lo que se quiere decir" y "lo que se pone en práctica" hay una gran distancia, de ahí la importancia que tiene **una buena planificación** de lo que se va a decir. Por eso hay que tener en cuenta las siguientes técnicas básicas de comunicación oral:

- Las ideas que se quieren transmitir deben ser muy claras.
- Hay que utilizar la entonación, pronunciación y volumen adecuados al receptor.
- El tono de voz tiene que ser el adecuado.
- Se debe usar el vocabulario idóneo para ser entendido.
- Hay que cuidar la comunicación no verbal.
- Debes mostrar seguridad en la comunicación.
- Es necesario adaptar la conversación al interés del receptor.

1.1.7. Formas de comunicación oral

Podemos encontrarnos con varias formas de comunicación oral, siendo las más importantes las siguientes:

- **Atención telefónica**. Utilización del teléfono, como herramienta de comunicación oral, para realizar negocios, contrataciones, atención de quejas...
- **Diálogo**. Es la comunicación oral básica entre dos o más personas. El Diccionario de la Real Academia de la Lengua Española lo define como: "***Plática entre dos o más personas, que alternativamente manifiestan sus ideas o afectos***".

  Puede tener diversas variantes: conversación, debate o mesa redonda.
- **Discurso**. También se le llama exposición. Un ponente realiza la presentación ordenada de sus ideas, pensamientos o conocimientos sobre un determinado tema, con el fin de tratar de informar o convencer a un grupo de personas.
- **Entrevista**. Comunicación oral mediante la cual una persona, llamada entrevistador, pregunta a otra, llamada entrevistado, con el fin de recabar su opinión sobre un tema de interés general o de obtener información personal o privada.

Hay que tener muy presente que en todo proceso de comunicación oral intervienen diversos elementos verbales. Nos referimos a los siguientes:

- **Duración**. Es el tiempo empleado en la comunicación.
- **Feed-back (retroalimentación)**. Gracias a él, el emisor puede comprobar si el mensaje ha sido captado por el receptor y, además, si está o no de acuerdo con él.
- **Habilidades en el habla**. Son las destrezas que tienen el emisor y el receptor para expresar conocimientos, sentimientos y experiencias en la comunicación.
- **Preguntas**. Son utilizadas por el emisor y el receptor para mantener una conversación, obtener información adicional y como demostración del interés por el tema tratado.
- **Vocabulario**. Debe ser el adecuado al receptor.
- **Turnos de palabra**. Es muy importante que se respete el orden de intervención de los participantes en la conversación.

1.2. La comunicación no verbal

Al igual que aprendemos a hablar conociendo las palabras adecuadas, la estructura de la frase más correcta, etc., podemos aprender cuál es nuestro lenguaje corporal, los gestos, las posturas, las miradas..., que permitirán comunicar más y mejor.

El lenguaje no verbal nos sirve como complemento de la palabra, como sustituto de las mismas y, casi siempre, como exaltador del contenido de nuestra comunicación, porque las palabras, las frases, los textos, sin gestos, sin miradas, sin movimientos, sin entonaciones, a veces generan en el otro sentimientos de apatía, rechazo o indiferencia.

En una comunicación oral, la mayor parte del contenido informativo se transmite al receptor por sistemas no verbales. Por tanto, es importante aprender el valor de los signos no verbales más significativos con el fin de utilizarlos con la corrección adecuada.

Para que reconozcas la importancia que tienen los signos no verbales puedes buscar en Internet alguna escena de la serie de televisión "***Miénteme (Lie to me)***".

1.2.1. Los mensajes en la comunicación no verbal: voluntarios e involuntarios

Gracias a la comunicación no verbal, las personas emitimos también mensajes, pudiendo ser éstos de dos tipos:

- **Mensajes voluntarios.** Los emitimos deliberadamente en el transcurso de la comunicación. Además de las palabras que pronunciamos, hacemos ciertos gestos como:
  - Signos que por sí mismos representan una palabra o idea a la que sustituyen: el dedo índice sobre la boca indicando silencio, etc.
  - Gestos y signos realizados con las manos y los brazos mientras se habla y que recalcan el sentido de las palabras. Por ejemplo, estamos hablando sobre el tamaño de un objeto al tiempo que tratamos de indicarlo con un gesto de las manos.
  - Gestos y acciones que representan un papel importante como reguladores en el transcurso de una comunicación. Los encontramos al inicio o fin de una comunicación y en los cambios de turno de palabra. Por ejemplo: el apretón de manos en el saludo y despedida, las inclinaciones de cabeza, los cambios de la mirada, etc.
- **Mensajes involuntarios.** En general, corresponden a gestos que se emplean para eliminar tensiones o controlar sentimientos y estados de ánimo. Por ejemplo: morderse las uñas, jugar con el bolígrafo, etc.

  A través de ellos transmitimos ciertos mensajes como: confianza/desconfianza; tranquilidad, seguridad en nosotros mismos/intranquilidad, inseguridad, nerviosismo, etc.

  Con frecuencia estos mensajes involuntarios contradicen y desmienten lo que estamos diciendo con palabras.

1.2.2. Aspectos y recursos no verbales en la comunicación oral

Muchos de los gestos pueden interpretarse de forma diferente dependiendo de la cultura en la que nos encontremos. En la siguiente tabla se puede ver la interpretación generalizada que se da a estos signos no verbales en el mundo occidental.

Signo no verbal	Es adecuado	Debemos evitar
La voz 	• Un volumen que permita oír. • Realizar pausas que diferencien y maticen las partes del mensaje.	• Un volumen demasiado alto que intimide al receptor. • Hablar de forma atropellada transmite nerviosismo e inseguridad.
La sonrisa 	• Intercalar discretas sonrisas (mostrando ligeramente los dientes superiores) produce serenidad y confianza.	• La sonrisa continua puede transmitir burla o una actitud fingida. • Apretar excesivamente los labios denota duda, desconfianza o falsedad.
La mirada 	• Mirar serenamente a la cara (al triángulo formado por los ojos y la nariz) del interlocutor, sin fijar en exceso la mirada.	• Mirar fijamente transmite agresividad. • Mirar al suelo o distraer continuamente la mirada en objetos diversos (el reloj, el cuadro...) indica timidez o desinterés.
La postura 	• Erguida y sin tensiones, tanto de pie como sentado. • Una cierta inclinación lateral o hacia el interlocutor demuestra atención y cordialidad. • Los gestos de la mano deben servir para reforzar serenamente el mensaje. Las palmas hacia arriba indican franqueza.	• Sentarse en el borde de la silla refleja incomodidad, prisa por terminar. • Cruzar los brazos denota actitud distante, defensiva. • Las manos en los bolsillos son signo de superioridad y, a veces, de agresividad. • Moverse continuamente indica nerviosismo, falta de atención, inseguridad.
La distancia 	• Mantener la distancia correcta (personal, pública...), dependiendo de la situación.	• Invadir el espacio ajeno refleja agresividad, dominio. • Mantenerse distante denota miedo, timidez, falta de interés o superioridad.

Figura 1.5. Aspectos y recursos no verbales en la comunicación oral.

Ejemplo

Leamos la siguiente situación y describamos los signos de comunicación no verbal que han intervenido y si éstos han sido o no adecuados.

José Carlos es arquitecto y ha montado su propia empresa de decoración de interiores. Esta mañana tiene una entrevista en un conocido bufete de abogados para presentar su proyecto de reestructuración espacial de las oficinas que, por ampliación de plantilla, han quedado pequeñas.

José Carlos acude a la cita con un aspecto impecable y, a su llegada, un recepcionista le conduce al despacho del director, quien le saluda amablemente, estrechándole la mano e invitándole, con un gesto, a sentarse en el despacho frente a él.

Juntos analizan el proyecto de distribución arquitectónica: espacios que permitan un correcto desarrollo de las tareas individuales, vías de circulación, relación con otros puestos y actividades...

José Carlos señala con la mano y modula la voz para describir los espacios en el plano. Mientras, el director le escucha en silencio y observa atentamente sus indicaciones.

Terminada la exposición, el director, con la mano en la barbilla y echado el respaldo de su sillón un poco hacia atrás, le plantea su inquietud por la ubicación un tanto alejada de uno de los despachos, lo cual podría generar cierto conflicto interno.

José Carlos se compromete a estudiar otra distribución de esa zona. Con un nuevo apretón de manos y franca sonrisa por ambas partes, se da por concluida la reunión.

SOLUCIÓN:

Aunque puede haber varias respuestas posibles, una de ellas sería:

La voz

— *Modulación de la voz*. Con ello, se logra una mayor comprensión y aceptación del mensaje.

— *El silencio*. El director con sus silencios denota atención y reflexión.

La postura

— El apretón de manos y la sonrisa muestran cordialidad y cooperación.

— La señal que invita a tomar asiento sustituye al lenguaje verbal.

— Señalar con la mano en el plano sirve para remarcar las palabras y contribuye a la mejor comprensión del mensaje.

— El gesto de tocarse la barbilla indica reflexión.

La distancia

— La distribución de espacios de forma adecuada es un elemento clave en una empresa para conseguir que las funciones individuales y grupales se desarrollen de forma óptima.

— El director se acerca a José Carlos para estrecharle la mano (distancia personal) y retrocede con su sillón mostrando preocupación, disconformidad con el mensaje.

1.3. La comunicación verbal y no verbal en la comunicación presencial

Las formas de comunicación humana pueden agruparse en dos grandes categorías: la comunicación verbal y la comunicación no verbal:

- La comunicación verbal se refiere a las palabras que utilizamos y a las inflexiones de nuestra voz (tono de voz).
- La comunicación no verbal hace referencia a un gran número de canales, entre los que se podrían citar como los más importantes el contacto visual, los gestos faciales, los movimientos de brazos y manos o la postura y la distancia corporal.

Pese a la importancia que le solemos atribuir a la comunicación verbal, entre un 65% y un 80% del total de nuestra comunicación con los demás la realizamos a través de canales no verbales. Para comunicarse eficazmente, los mensajes verbales y no verbales deben coincidir entre sí. Muchas dificultades en la comunicación se producen cuando nuestras palabras se contradicen con nuestra conducta no verbal.

Ejemplos

- Un hijo le entrega un regalo a su padre por su cumpleaños y éste, con una expresión de decepción, dice: "Gracias, es justo lo que quería".
- Un chico encuentra a su mejor amigo por la calle y, cuando le saluda, el otro le devuelve el saludo con un frío y seco "hola" y desvía la mirada.

1.3.1. Pautas de comportamiento e imagen corporativa

Hay que tener en cuenta que en función del comportamiento o conductas que tengamos con los empleados, clientes, proveedores, etc., estaremos dando una imagen u otra de la organización. Es muy importante distinguir entre los dos ámbitos de conducta a nivel organizacional: conducta **interna** y conducta **externa**.

Conducta Interna

La conducta interna es la manera en que la organización, como entidad, se comporta con respecto a sus miembros. Son las pautas de comportamiento o actuación cotidiana y diaria que tiene lugar "de puertas adentro" de la organización.

La conducta interna de una compañía debe cuidarse y desarrollarse adecuadamente, ya que cada vez se reconoce con mayor fuerza la importancia fundamental que tienen los empleados en el éxito de la organización.

Una adecuada conducta interna permitirá una mayor motivación e integración efectiva de los empleados a los principios y valores corporativos, lo cual redundará en una mayor productividad y rendimiento personal, con el consiguiente beneficio para la organización.

Conducta Externa

Este tipo de conducta se refiere a las acciones que la organización realiza en cuanto sujeto comercial, en su faceta de intercambio mercantil con los posibles consumidores, con los proveedores o con los clientes. Estas acciones se refieren a:

- Cómo la empresa vende sus productos o servicios: el servicio, la atención, el trato personal de la empresa, etc.
- Contacto directo de los consumidores con los productos o servicios que ofrece la organización a través de su uso o consumo.

1.3.2. Normas para conversar

Gracias a lo que hemos explicado hasta ahora podemos comprender la importancia que tiene la comunicación en nuestras vidas, pero hay que tener en cuenta que existen una serie de normas que hay que seguir para que la conversación sea fructífera. Estas **normas** son:

- Hablar respetuosamente.
- No elevar el tono de voz.
- Escuchar sin interrumpir.
- No acaparar la conversación.
- Prestar atención a la persona que habla.
- No agredir ni ofender.
- No burlarse de la diferencia de ideas.
- No imponer juicios.
- No hablar con comida en la boca.

Hay que tener en cuenta que la diferencia de formas de pensar enriquece las ideas propias. No es conveniente enojarse porque los demás piensen diferente, ya que se puede aprender de las diferencias. **La tolerancia es un valor que fomenta la buena comunicación.**

1.3.3. Reglas para escuchar

Siempre se ha dado más importancia a saber hablar que a saber escuchar, sin embargo, escuchar bien es importante para comprender cómo ven los otros las cosas y la importancia que les dan.

Por este motivo, se deben tener en cuenta las siguientes reglas para escuchar:

- Mostrar interés por lo que nos están diciendo, concentrándonos en lo que se está escuchando.
- Observar las conductas no verbales como complemento a lo que se comunica con palabras, es decir, gestos, posturas, miradas, movimientos faciales o los gestos con las manos.
- Querer comprender lo que se nos está transmitiendo; hay que escuchar las ideas y no solamente los datos.
- Dejar hablar al emisor del mensaje.
- No interrumpir innecesariamente.
- Hacer uso de las preguntas abiertas, es decir, preguntar todo lo que se considere necesario, ya que las preguntas generan intercambio, curiosidad, reflexión y autocrítica, pudiéndonos ayudar a recobrar la atención si nuestra mente se ha distraído.
- No evaluar el mensaje anticipadamente, es decir, reflexionar lo que nos están diciendo.
- Evitar los prejuicios y los estereotipos hacia la persona del emisor o hacia el contenido del mensaje.
- Establecer contacto visual, ya que una mirada atenta supone la verificación de la comprensión del mensaje que se está recibiendo.
- Tratar de identificar las emociones y sentimientos del que habla.

1.3.4. Criterios de calidad: empatía, amabilidad

Tal y como ya conocemos, la empatía es la habilidad que desarrollamos para identificarnos con otras personas. En las organizaciones es fundamental que desarrollemos esta habilidad social, al igual que la amabilidad.

Cuando una persona que se relaciona con nuestra organización se siente comprendida y que su necesidad es importante, estamos construyendo la satisfacción del mismo. Logramos que se sienta comprometido emocionalmente y piense en el buen trato brindado, es decir, estamos reflejando que nuestra organización se esmera en satisfacer a las personas que se relacionan con ella.

1.3.5. Tratamiento de las objeciones

Una objeción es una barrera para cerrar una negociación y, generalmente, ocurre porque la comunicación por ambas partes es deficiente, distorsionada o poco clara. En la mayoría de los casos, cuando un negociador pone objeciones lo que busca es reafirmarse en su decisión y aclarar determinadas características o cualidades del asunto que se negocia.

Por este motivo, **no es conveniente**, de entrada, **entender las objeciones como algo negativo**; es más, si a la otra parte no le interesa en absoluto la negociación, no tendría nada que objetar.

En este sentido, podríamos decir que las objeciones son signo de que hay posibilidad de llegar a un acuerdo, por lo que es más conveniente verlas como oportunidades, anticipándonos a ellas y preparando las respuestas a las posibles dificultades que nos pueda plantear la otra parte.

Esto se consigue con mucho trabajo y conociendo bien el objetivo central de nuestra negociación, de manera que podemos clarificar cualquier observación y aportar soluciones ajustadas.

A continuación mostramos algunos recursos para afrontar las objeciones más frecuentes:

- *Objeción al precio:*
  - Centrar la atención en el valor, demostrando que no es lo mismo que precio.
  - Preguntarle por qué cree que es caro y aclararle que el precio no es una cuestión de opinión, sino que refleja calidad. No se pueden comparar precios, sino productos o servicios, por lo que es necesario que estemos informados de los precios y las características de lo que ofrece la competencia.
  - Explicar las diferencias con respecto a lo que ofrece la competencia, ya que es probable que la otra parte piense que no existen. Lo que no debemos hacer ante este tipo de objeción es criticar a la competencia o proponer un precio más bajo del que partimos.
- *Objeción a la calidad:*
  - Demostrar la calidad de forma clara y concreta y preguntar al otro por qué cree que no es buena. La respuesta a esta pregunta nos dará una buena base para rebatir la objeción.

- *Objeción a la información:*
  - Preguntar siempre a la otra parte si necesita más información y hacer todo lo posible para proporcionársela.
  - Estar pendientes del otro durante la reunión y una vez finalizada. Es mejor adelantarnos en lugar de esperar a que sea él quien se ponga en contacto con nosotros para pedirnos esa información.

1.3.6. Las quejas y reclamaciones

En el transcurso de un proceso de compraventa o de una prestación de servicios puede ocurrir cualquier tipo de suceso que suscite una atención extraordinaria. A estos sucesos se les denomina **incidencias**. Las reclamaciones y las quejas son una clase de incidencias.

Clases de incidencias	Definición	Ejemplo
Queja	Es la manifestación, generalmente verbal, del desacuerdo con algún aspecto del servicio.	Un proveedor nos protesta por el trato recibido por parte de uno de nuestros empleados.
Reclamación	Es la exigencia, por parte del cliente, de indemnización o compensación por los perjuicios que le ha ocasionado el mal funcionamiento del servicio.	Un cliente exige la devolución del importe de billete de avión, más los daños y perjuicios ocasionados por la anulación del vuelo a causa de una huelga de pilotos.

Figura 1.6. Clases de incidencias: quejas y reclamaciones.

Las **características** distintivas de las quejas y de las reclamaciones son las siguientes:

- Quejas:
  - Son una clase de incidencias.
  - Suelen presentarse de manera verbal.
  - Se tramitan a través de las hojas de incidencias.
  - No llevan aparejada una petición de indemnización.
- Reclamaciones:
  - Son una clase de incidencias.
  - Se deben presentar necesariamente por escrito.

- Se tramitan a través de las hojas de incidencias.
- Existe un trámite paralelo de reclamaciones a través de las Oficinas Municipales de Consumo.
- Llevan aparejada una petición de indemnización.

1.4. La comunicación telefónica

Se ha explicado en los apartados anteriores qué es la comunicación oral, así como los elementos y funciones que ésta representa.

En este apartado vamos a explicar en qué consiste la comunicación telefónica, pero antes de comenzar es necesario conocer las **fases** del proceso de comunicación con medios telefónicos, y que representamos en la siguiente figura.

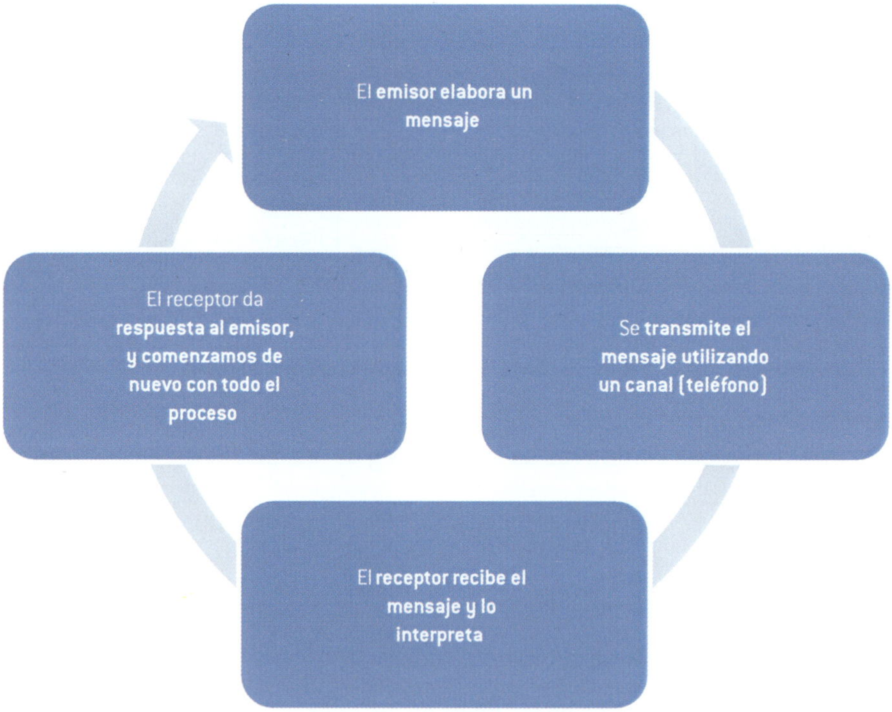

Figura 1.7. Fases en la comunicación telefónica.

1.4.1. El teléfono en la actividad empresarial

Hablar en público, ya sea en persona o por medio del teléfono, suele provocar temor, aunque debemos tener en cuenta que ésta es una actividad que realizamos de manera habitual: hablamos con nuestra familia, con nuestros amigos, con los profesores, etc.

A nivel empresarial, en ocasiones, el primer contacto que se tiene con una empresa es por medio del teléfono, de tal forma que si no se utiliza de forma correcta estamos proyectando una mala imagen de nuestra organización.

Por este motivo, hay que ser consciente de que el teléfono:

- Es el medio más importante de comunicación en las organizaciones, junto con el correo electrónico.
- Su utilización debe realizarse de forma responsable.
- Es una ventana al exterior, a través de la cual reflejamos la identidad de nuestra organización.
- Es una oportunidad para establecer relaciones comerciales.

Hay que tener en cuenta que las organizaciones usan el teléfono para:

- Informar de los productos que venden o de los servicios que prestan.
- Facilitar información comercial.
- Recibir y gestionar quejas.
- Informar sobre promociones.
- Realizar televentas.
- Apoyar al canal de distribución.
- Gestionar impagados.
- Etc.

Al igual que cuando se utilizan otras formas de comunicación verbal, en la comunicación telefónica debemos ser:

- **Educados**. Saludando al comienzo de la comunicación, no diciendo palabras malsonantes, manteniendo una actitud positiva, despidiéndonos al final...
- **Claros**. Debemos emplear frases cortas evitando palabras innecesarias.
- **Concisos**. Nos tenemos que centrar en el tema sin divagar.
- **Cercanos**. Tenemos que conseguir la atención del receptor, que éste escuche o participe de forma activa.

Además de todo esto, es necesario tener en cuenta una serie de normas básicas tanto para contestar como para llamar por teléfono, tal y como se puede ver en la siguiente tabla.

Para Contestar	Para Llamar
— Contesta lo más rápidamente posible. — Identifícate, diciendo el nombre de la organización y el tuyo. — No utilices expresiones como: "Sí", "Dígame"... — Pronuncia de forma clara. — Escucha con atención. — Si no has entendido algo pídele, amablemente, que te lo repita. — Ten a mano papel y bolígrafo. — Discúlpate si tienes que abandonar el teléfono por algún motivo. — Si no está la persona con la que desean hablar, toma nota de la llamada. — Termina la conversación con amabilidad. — Cuelga el teléfono con suavidad.	— Prepara un esquema de lo que piensas decir antes de descolgar. — Preséntate enseguida, debes decir primero el nombre de tu organización y después el tuyo. — Indica con exactitud con quién quieres hablar. — Si no es posible la comunicación con la persona que deseas, deja un mensaje o pregunta cuándo puedes ponerte en contacto con ella. — Expón las razones de la llamada. — Si te tienen que llamar indica el día y la hora en el que pueden hacerlo. — Termina la conversación haciendo un resumen de las conclusiones con orden y concreción.

Figura 1.8. Normas básicas para hablar correctamente por teléfono.

1.4.2. Pautas de atención telefónica en la empresa

Básicamente las pautas a tener en cuenta en la atención telefónica en la empresa se refieren a: la voz, la capacidad de escucha y la actitud ante el teléfono.

- **La Voz**. Cuando se recibe una llamada telefónica, la persona que coge el teléfono está representando a la organización, y lo está haciendo mediante su voz, que es lo primero que percibe la otra persona. Por tanto, el tono de voz empleado será de gran importancia.

  Durante la conversación telefónica hay que mostrar:

  - *Amabilidad.* La actitud y el estado de ánimo se transmiten por el teléfono. La mejor forma de comunicar simpatía y amabilidad es sonriendo. Aunque desde el otro lado de la línea no te vean SONREÍR, lo notarán.
  - *Confianza.* La percibirán mediante el matiz de la voz. Habla con seguridad y transmite lo que conoces sobre aquello que te preguntan. Si tienes dudas, pasa la llamada a otra persona con más conocimiento al respecto o comprométete a responder con seguridad en un contacto posterior. Esto es mejor que dudar y no dar una respuesta concreta.
  - *Interés.* Percibe al otro como una persona, no como una voz lejana.

- **La Capacidad de Escucha**. Si es importante en el contacto "cara a cara", en la interacción telefónica lo es más. Hay que tener en cuenta que lo que se escucha es la única fuente de información que se tiene, por tanto, es preciso estar concentrado en lo que dicen.

La escucha deberá ser activa, es decir, que la otra persona compruebe y se convenza de que realmente le estás escuchando. Deberemos dar señales de ello, utilizando frases como: "Sí...", "Entiendo...", "Ya veo...", "Por supuesto", etc.

- **La actitud**. Aunque en una conversación telefónica no nos ven, nos pueden imaginar, y hasta acertar gracias a una serie de señales casi imperceptibles que se deslizan durante la conversación.

  En la tabla siguiente se mencionan algunos comportamientos que acompañan a la conversación y que pueden mejorar el proceso de comunicación.

Mantener una postura erguida	Una posición "decaída" hace que la voz sea percibida también como "decaída".
Sonreír	Como se ha dicho, es el mejor modo de transmitir simpatía y amabilidad, ya que cambia la tonalidad de la voz positivamente. Por otra parte, quien sonríe se siente más relajado y, quien le escucha, también.
Hablar más lentamente	En una conversación "cara a cara" se cuentan con más canales de comunicación. Telefónicamente, la palabra es fundamental, por ello hay que reducir la probabilidad de que algunas palabras no sean escuchadas correctamente: Lo mejor es hablar despacio, mejorando la dicción todo lo que se pueda. Además, hablar deprisa transmite impaciencia y falta de interés.
No gritar	Aunque la otra persona esté lejos, no es necesario elevar la voz. Además, si se grita ¿qué se transmite a las personas que están en nuestro entorno físico y que nos están observando?
Eliminar los ruidos	Evidentemente, aquellos que estén en nuestra mano. Ruido de papeles o golpecitos con el bolígrafo pueden molestar a algunas personas.
Centrarse en la conversación	Hace posible alcanzar una mayor comprensión de la situación y se transmite interés a la otra persona. Es francamente molesto oír como el interlocutor habla con otros en algún momento mientras nos dirigimos a él, o interrumpe su locución para hacer un comentario a otra persona.
No hacer movimientos bruscos	Los oirá la otra persona. Si estamos haciendo algo simultáneamente a conversar por teléfono, es posible que lo detecte.
Demostrar interés por el interlocutor	Esta es la mejor manera de personalizar la atención telefónica.
No dejar nunca a nadie "colgado" al teléfono durante más de 30 segundos	Se provoca una sensación de abandono o de duda. En cualquier caso, puede ser caro para quien llama. Si necesitas hacer una consulta que te va a llevar tiempo, llámale más tarde o pide que vuelva a llamar cuando estimes que vas a tener los datos que necesita.

Figura 1.9. Comportamientos que acompañan a la conversación teléfonica.

1.4.3. Reglas para efectuar y contestar una llamada de teléfono

Varias son las reglas que se deben tener en cuenta en las conversaciones telefónicas. A continuación se muestran las más importantes, aunque siempre debemos tener en cuenta la regla básica en todo proceso de comunicación: **LA EDUCACIÓN**.

1) **Al contestar una llamada**:

- Responder rápidamente: Contestar el teléfono lo antes posible.
- Usar en lo posible la siguiente frase: "Buenos días. Habla con... ¿En qué puedo ayudarle?"
- En cada saludo usar la espontaneidad, hablando con voz clara y pausada.
- No olvidar usar el saludo apropiado (hasta las 13:00 h.: buenos días; de 13:00 a 20:00 h.: buenas tardes; desde las 20:00 h.: buenas noches).

2) **En caso de ser necesario dejar a un cliente en espera**:

- Informar al cliente del motivo por el cual vamos a ponerlo en espera.
- No disponer del tiempo del cliente: permitir que él decida si desea aguardar o prefiere llamar más tarde.
- No dejar en espera a un cliente por más de 30 segundos. De ser necesario, retomar la llamada informando al cliente.
- Cuando retomemos la llamada, comenzar con el nombre del cliente.

3) **Al transferir una llamada**:

- Transferir sólo aquellas llamadas que no podamos atender.
- Asegurarnos de conocer el uso del teléfono para transferir llamadas.
- Antes de transferir la llamada, informar al cliente de la acción que vamos a efectuar.
- Cuando transfiramos la llamada a otro departamento, informar a nuestro compañero del nombre del cliente y el motivo de la llamada, evitando así que él le tenga que repetir cualquier dato.
- Cuando recibamos una llamada transferida, en primera instancia nos presentaremos, llamaremos al cliente por su nombre y verificaremos con una breve reseña la información que hemos recibido.

4) **Al terminar una llamada:**

- Agradeceremos al cliente su llamada.
- En caso de ser necesario un seguimiento, informaremos al cliente.
- Confirmaremos el teléfono para conectarnos en un futuro con él.
- Esperaremos a que el cliente corte antes de hacerlo nosotros.

5) **Uso de palabras apropiadas:**

- Evitaremos usar palabras técnicas o de uso interno: si utilizamos palabras que el cliente no comprende, lo pondremos en una situación incómoda.
- La información es un "valor", no debemos excedernos, ni tampoco escatimarla.
- Jamás debemos contestar con preguntas.

6) **Pequeños y grandes detalles:**

- "Perdone que le moleste...": En ocasiones un cliente utiliza esta frase. Tenemos que indicarle que no es una molestia, ya que si no dijéramos nada, estaríamos aceptando que efectivamente lo es.
- No usar "muletillas": son aquellas palabras que utilizamos en forma reiterada, nos apoyamos en ellas para elaborar mentalmente la respuesta que vamos a dar.

  Ejemplos: Correcto, digamos, ¿no?, le comento, etc. Estas muletillas pasan desapercibidas para nosotros, sin embargo, quien lo escucha lo percibe claramente. A "¿Me entiende?" remplácelo por: "¿Me he explicado correctamente?"

7) **Personaliza la conversación:**

- Para que el cliente se sienta a gusto, debemos usar su apellido o nombre en la conversación, por ejemplo:

  a) Anteponer Señor o Señora.

  b) Tratarlo de usted.

Hay que tener también en cuenta que si se recibe una llamada y no se encuentra la persona destinataria de la misma, es necesario dejar un aviso de la llamada, pudiendo utilizar un modelo de ficha similar al que se puede ver en la siguiente figura.

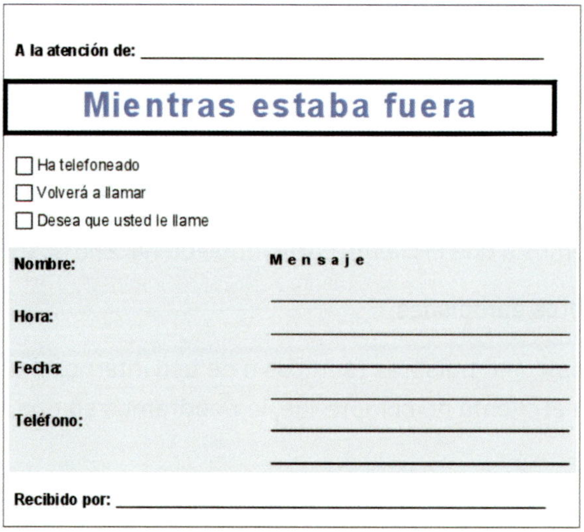

A la atención de: ____________________

Mientras estaba fuera

☐ Ha telefoneado
☐ Volverá a llamar
☐ Desea que usted le llame

Nombre:	**Mensaje**
Hora:	
Fecha:	
Teléfono:	

Recibido por: ____________________

Ejemplo

Observemos las siguientes expresiones. ¿Las consideramos correctas?

1. Te he dicho un montón de veces que...
2. El producto de nuestra empresa es guay.
3. Es imposible aplicarte el descuento que nos solicitas.
4. No lo sé...

SOLUCIÓN:

No son correctas. Debería haberse dicho algo como:

1. Tal y como le dije el otro día...
2. El producto de nuestra empresa es de los mejores del mercado.
3. No se preocupe que estudiaremos si es posible realizarle el descuento que nos solicita.
4. Por favor, espere un momento que voy a consultarlo.

1.4.4. Protocolos de tratamiento

Es fundamental conocer el tratamiento que hay que tener con cada persona. En la siguiente tabla se muestran los principales tratamientos **y cuándo se deben utilizar.**

Tuteo	Se debe utilizar con aquellas personas que nos han dado muestras de confianza y amistad.
Usted	Es conveniente con aquellas personas que nos presentan o con las que tratamos por primera vez, por diferencia de edad, posición social, cargo en la empresa, etc.
Don	Es la forma de expresión personal del usted. Debe ir acompañado del nombre de pila (por ejemplo, don Pedro o doña Lucía). Se utiliza con personas de rango superior, personas mayores, etc.
Señor	Se utiliza con personas de igual o inferior rango. Debe ir seguido del apellido (por ejemplo, señor Rodríguez o señora Medrano).

Figura 1.10. Protocolos de tratamiento.

1.4.5. Barreras y dificultades en la transmisión de información

Pueden existir muchos obstáculos o barreras a la comunicación telefónica, que dificultan el diálogo y bloquean la comunicación. Entre otras, podemos encontrar:

- *Barreras provocadas por el emisor.* Entre éstas tenemos: utilización incorrecta del lenguaje; agresividad para expresar las órdenes, opiniones, etc.; tono de superioridad o estilo de mando autoritario; utilización del sarcasmo o la ironía...
- *Barreras provocadas por el receptor.* Como por ejemplo: falta de atención; receptor más preocupado por preparar su defensa que en escuchar; percepción selectiva (se escucha lo que queremos); aferrarnos a nuestras ideas sin estar dispuesto a cambiar de opinión...
- *Obstáculos derivados del código.* Tenemos: el mensaje se transmite en un código desconocido por el receptor (idioma, terminología...); una mala traducción de un idioma extranjero...
- *Barreras del canal.* Por ejemplo: ruido ambiental; interferencias en las comunicaciones...

1.4.6. Tipos de llamadas telefónicas

Son varias las clasificaciones que se pueden realizar de las llamadas telefónicas. Nosotros vamos a desarrollar solamente dos: según los lugares de origen y destino de la llamada y según el propósito de la llamada.

- **Según los lugares de origen y destino de la llamada.** Pueden ser:
  - Llamadas interiores: son aquellas que se realizan entre dos departamentos de la misma empresa. Para establecer la conexión suele bastar con marcar la extensión con la que se quiere contactar.

- Llamadas exteriores: son aquellas que ponen en contacto la empresa con un número del exterior.

- **Según el propósito de la llamada.** Estas pueden ser:
  - Llamadas de solicitud de información: tienen como objetivo conseguir una información determinada sobre la empresa, sus productos, sus funciones, los nombres y la localización de los representantes comerciales, etc.
  - Llamadas de oferta de servicios: con estas llamadas se trata de captar clientes interesados en nuestra empresa.
  - Llamadas de petición: están comprendidos tanto los pedidos que solicita la empresa a sus proveedores como los que se reciben de los clientes. Por ejemplo, llamada que se hace desde la empresa a una papelería para pedir material de oficina, y la que recibe la empresa de un cliente que necesita un servicio del departamento de mantenimiento.
  - Llamadas de confirmación: se utilizan para asegurarse de que algo que se esperaba ha sucedido. Por ejemplo: se confirma por teléfono que se ha recibido un fax, la hora exacta de una reunión, la recepción de un e-mail, etc.
  - Llamadas de agradecimiento: se realizan o reciben con el fin de mostrar agradecimiento por el trato recibido. Estas llamadas son habituales entre la empresa y el cliente y consiguen crear un ambiente de cordialidad entre ambas partes.
  - Llamadas de cortesía: su único objetivo suele ser mantener el contacto con una determinada persona o entidad con quien no se quiere perder la relación.
  - Llamadas de reclamación: se realizan para realizar o atender una queja o una reclamación. Estas llamadas requieren de un tratamiento especial por lo delicadas que suelen ser.

1.4.7. Sistemas de comunicación telefónica en la empresa

Varios son los sistemas de comunicación telefónica que pueden utilizarse en las empresas: convencional, inalámbrico, centrales telefónicas, etc. En la siguiente tabla explicamos los más utilizados.

	**Electrónico convencional** Es el más común en los hogares, contiene las funciones básicas de un teléfono, usando como fuente de alimentación la línea telefónica.
	**Inalámbrico** Está conectado a la línea telefónica, pero su fuente de alimentación es la red eléctrica. La ventaja es que la parte que contiene el microteléfono y el teclado, no está conectada por un cable a la base, ya que se comunica a través de ondas de radio.
	**Móvil** Son teléfonos de última tecnología, en el que la conexión con el sistema telefónico se realiza a través de radiofrecuencias.
	**Multilínea** Muy usado en las oficinas, ya que ofrece varios servicios (llamada en espera, desvío de llamadas, etc.).
	**Centrales telefónicas digitales (teléfonos operadora)** Teléfono especial, muy utilizado en las organizaciones y destinado a ser manejado por una operadora, ya que su función es atender llamadas y luego transmitirlas a otra persona.
	**Públicos** La gran diferencia es que cuentan con un receptáculo de monedas.
	**IP** La tecnología VoIP permite hablar a través de Internet, abaratando el coste de la mayoría de las llamadas.

Figura 1.11. Tipos de teléfono.

Además de las llamadas, en la actualidad los teléfonos ofrecen servicios diversos. En la siguiente tabla se pueden observar los más habituales.

Servicio	Características
Contestador	Con este servicio se puede dejar un mensaje si la persona a la que se llama no se encuentra operativa.
Llamada en espera	Gracias a este servicio podemos mantener en línea a una llamada mientras se atiende otra.
Desvío de llamadas	Si no vamos a estar en el domicilio donde radica la línea, se puede contratar este servicio que permite redireccionar la llamada a otro número.
Identificador de llamadas	A través de este servicio permite mostrar el número de teléfono que llama. Si el teléfono dispone de agenda veremos, en lugar del número, su nombre.

Figura 1.12. Servicios más habituales de telefonía.

1.4.8. Búsqueda de información telefónica

Cuando desconocemos el número al que tenemos que llamar, podemos buscarlo utilizando distintas fuentes de información, por ejemplo, las guías telefónicas o los servicios de información telefónica.

Entre las guías se encuentran: páginas blancas (edición impresa o edición online), páginas amarillas (edición impresa y edición on-line), guías profesionales o especializadas.

Entre los servicios de información telefónica están el 11818 y el 11888 para información nacional y el 025 para información internacional. En estos servicios llamamos a un número en el que debemos dar el nombre, los apellidos o la dirección de la persona o la empresa que estamos buscando para que nos den su número telefónico.

1.5. Normas de seguridad, registros y confidencialidad en la comunicación presencial y telefónica

¿Sabemos qué sucede con nuestros datos cuando entramos en una página Web y nos piden que nos registremos para poder continuar en la búsqueda de información? Vamos a tratar de aclarar qué uso se les da a nuestros datos personales cuando los facilitamos y no sabemos a quién, ni para qué los necesitan.

Antes de continuar nos podríamos preguntar, ¿qué se considera **dato personal**? Pues bien,

Dato de carácter personal es aquella información que permite identificarte como persona individual. Eres tú quien tiene la facultad de controlar tus datos y disponer de ellos.

La Constitución española de 1978, en el artículo 18.4, dice: "***La ley limitará el uso de la informática para garantizar el honor y la intimidad personal y familiar de los ciudadanos y el pleno ejercicio de sus derechos***". Para que este derecho fundamental se pudiera respetar hubo que elaborar la Ley Orgánica de Protección de Datos de Carácter Personal 15/1999 de 13 de diciembre. Además hay que tener en cuenta lo establecido en el Reglamento Europeo de Protección de Datos que comenzó a aplicarse en España el 25 de mayo de 2018.

Esta Ley trata de proteger la intimidad y privacidad del derecho frente a posibles infracciones que puedan cometer organizaciones en la recogida y almacenamiento de datos personales.

En el Título III de la Ley y en el artículo 15 se recoge el derecho que tiene cualquier persona a solicitar información de sus datos de carácter personal, sea cual fuera el origen y lo que se tiene previsto hacer con ellos. El artículo 16 reconoce el derecho a rectificar o a cancelar los datos personales cuyo tratamiento no se ajuste a lo que dice la Ley.

Debemos tener presente que, ante cualquier vulneración de nuestro derecho fundamental del artículo 18 de la Constitución podemos recurrir a la Agencia Española de Protección de Datos (AEPD), que será la encargada de velar por el cumplimiento de las normas sobre protección de datos así como en lo que hace referencia a la información, rectificación, oposición y cancelación de datos, ofreciendo al ciudadano información acerca de cómo ejercitar sus derechos.

Actividades propuestas

1.1. Clasificar, por todos los criterios que hemos aprendido, las siguientes comunicaciones:

- Nos dirigimos a nuestro jefe para informarle personalmente sobre los pedidos de la última semana.
- El jefe del departamento de contabilidad se entrevista con nosotros, administrativos del departamento de personal, para solicitarnos el extracto de las nóminas de este mes.
- Atendemos una llamada telefónica de la Seguridad Social.

- Junto con otro compañero de nuestro departamento, nos entrevistamos con el proveedor que nos suministra el material de oficina.
- Nuestro jefe nos indica por teléfono cómo tenemos que realizar el trabajo de esa mañana.

1.2. Buscamos en Internet la fábula de la ostra y el pez y en pequeños grupos (3 ó 4 personas) dialogamos sobre la misma, identificando los diferentes elementos de comunicación que actúan como: CIERRAOSTRAS o ABREOSTRAS.

1.3. Somos la auxiliar administrativa de ventas de la empresa "CARNAVALES" y llama por teléfono Julián Plou, el jefe de compras de la empresa "NOS DISFRAZAMOS, S.L.". Esta empresa realizó una compra hace 10 días. ¿Qué errores debemos evitar al contestar la llamada telefónica?

1.4. Miguel Romero es el recepcionista de la empresa "CALZADOS MOLINER, S.A." y recibe una llamada de D. Perín Lombarte, el Director de una empresa a la que le vendimos hace unos pocos días. D. Perín desea hablar con el jefe de ventas. Establecemos, en un máximo de siete líneas, cómo podría ser la conversación entre ambos.

1.5. Analizamos las siguientes expresiones y las cambiamos si lo consideramos necesario:

- Te he dicho un montón de veces que...
- El producto de nuestra empresa es guay.
- Es imposible aplicarte el descuento que nos solicitas.
- No lo sé...

1.6. D. Manuel Marco Pereira trabaja como secretario de Dª Elena Monreal Campos, directora de la empresa "HIERROS MONREAL, S.A.". El día 5 de octubre del presente año, a las 9:30 horas recibe la llamada de D. Andrés Gómez Gonzalo, dueño de la empresa "METALES Y RETALES, S.L." de Zaragoza, con teléfono (976) 12 87 87, para asegurarse de la cita que tenían concertada para el 8 de octubre a las 12:30 horas. Cumplimentamos el modelo de ficha para anotar esta llamada.

1.7. Trabajamos en la centralita de la empresa "MOVIERECOR, S.A." y hoy recibimos la llamada de Eva Pérez, jefa de ventas de la empresa "DISCOS Y RECUERDOS", pidiendo hablar con Javier Andrade, el jefe de compras de nuestra empresa. Javier está atendiendo a un cliente y no puede ponerse al teléfono y nos pide que tomemos nota de la llamada y que le digamos a Eva que la llamaremos cuando podamos. Indicar cómo podría desarrollarse la conversación entre Eva, Javier y nosotros, en un máximo de 10 líneas.

2. La comunicación escrita

Introducción

La comunicación escrita, a diferencia de la oral, no está sometida a los conceptos de espacio y tiempo. La interacción entre el emisor y el receptor no es inmediata e incluso puede llegar a no producirse nunca, aunque aquello que se ha escrito perdure eternamente. Por otro lado, la comunicación escrita aumenta las posibilidades expresivas y la complejidad gramatical, sintáctica y léxica con respecto a la comunicación oral entre dos o más individuos.

Contenido

2.1. La escritura como medio de comunicación

2.1.1. El mensaje escrito: concepto

Se puede decir que el mensaje escrito es una comunicación diferida, en la que una persona (emisor) le dice algo a otra (receptor). Dado que el emisor no necesita estar presente en el momento de la recepción del mensaje, priva al mensaje escrito de muchos recursos expresivos que goza el oral. Por eso, resulta más difícil expresar una idea o describir un objeto por medio de la escritura que a través de la palabra. También se deja constancia de que los mensajes escritos no permiten la retroalimentación inmediata, ya que no es posible hacer preguntas u obtener aclaraciones sin dilación.

2.1.2. Características del mensaje escrito

Continuamente nos estamos comunicando, pero para que nos entendamos, es necesario que la comunicación sea eficaz.

Para que un mensaje escrito sea eficaz debe responder a unas características fundamentales:

- **Claridad**: los mensajes deben ser claros, comprensibles e inequívocos.
- **Precisión**: la información transmitida tiene que ser completa y precisa, de forma que no cree en los receptores desconfianza y sospecha.
- **Objetividad y veracidad**: la información debe ser verdadera, auténtica, imparcial y esencialmente objetiva.
- **Oportuno**: el mensaje ha de emitirse en el momento en que es útil y necesario, y no antes ni después.
- **Interesante**: el mensaje ha de crear en el receptor una reacción positiva y eso sólo es posible si es interesante.

2.1.3. Tipos de comunicaciones escritas

Las organizaciones pueden elaborar muchos tipos de comunicaciones escritas, siendo las más importantes las siguientes:

- Correspondencia comercial: carta comercial.
- Textos de organización interna: comunicado interno o memorándum, informe, convocatoria, acta y certificado.
- Textos protocolarios: saluda, tarjeta de invitación, nota de regalo y telegrama.

- Textos de relación con la Administración Pública: solicitud o instancia, denuncia, alegaciones y recurso.

2.1.4. Principios en la redacción para la eficacia del mensaje escrito

Cuando vayamos a redactar un mensaje escrito, debemos tener en cuenta las siguientes normas o principios:

- El contenido debe estar ordenado.
- Limpieza en la presentación.
- Escritos breves, evitando lo innecesario.
- Vocabulario sencillo, comprensible y adaptado al receptor.
- No se utilizan palabras groseras.
- Utilización correcta de los signos de puntuación.
- Los párrafos deben ser cortos para facilitar su lectura.

Recomendación: Una vez que hayamos terminado la redacción del mensaje, volvemos a leerlo para evitar los errores ortográficos, de acentuación, sintácticos o de contenido.

Ejemplo

En la siguiente imagen podemos ver una carta con ciertas incorrecciones. **¿Cómo estaría escrita correctamente?**

MOROÑO *Cooperativa*

22200 – Sariñena (Huesca)

Avda. Fraga, 15

Teléfono: (974) 57 11 18

Fax: (974) 57 25 25

ROCASA

A la del Sr. Rodrigo

C/ Rubén Darío, n.2 18

28100 - ALCOBENDAS (Madrid

20 de diciembre de *20xx*

Asunto: **Pedido**

Estimado señor Rodrigo:

Le recordamos la conversación telefónica del pasado día 18, entre usted y una persona de nuestro departamento de compras, para solicitar algunos de sus productos. Confirmamos dicho pedido e incluimos la orden correspondiente. Las condiciones de pago, serán las que establecimos a principio de este año, y que han regido en compras anteriores.

Hay, sin embargo, una *novedad:* en esta ocasión, tienen ustedes que enviar los artículos a nuestro almacén general, situado en el Polígono Industrial.

Esperamos sus noticias. Si existe alguna dificultad en el envío, no dude en ponerse en contacto con nuestra empresa.

Un cordial saludo,

Rosa Canales

Responsable de compras

Figura 2.1. Ejemplo de comunicación escrita.

SOLUCIÓN:

MOROÑO *Cooperativa*

Avda. Fraga, 15

22200 – Sariñena (Huesca)

Teléfono: (974) 57 11 18 Fax: (974) 57 25 25

ROCASA

A la atención del Sr. Rodrigo

C/ Rubén Darío, nº 2 - 18

28100 - ALCOBENDAS (Madrid)

20 de diciembre de 20xx

***Asunto:* Pedido**

Estimado señor Rodrigo:

Le recordamos la conversación telefónica del pasado día 18, entre usted y el administrativo de compras de nuestra empresa, para solicitar algunos de sus productos. Confirmamos dicho pedido e incluimos la orden correspondiente. Las condiciones de pago, serán las que establecimos a principio de este año, y que han regido en compras anteriores.

Tengan en cuenta que en esta ocasión, los artículos deben enviarlos a nuestro almacén general, situado en el Polígono Industrial.

Si existe alguna dificultad en el envío, no dude en ponerse en contacto con nuestra empresa.

Un cordial saludo,

Rosa Canales

Responsable de compras

Figura 2.2. Redacción correcta de la comunicación escrita de la figura 2.1.

2.1.5. Planificación de los textos

Hay que tener en cuenta que antes de empezar a escribir un texto existen una serie de técnicas que es necesario aplicar, como son:

- Analizar la situación sobre la que se va a escribir.
- Generar las ideas sobre el tema que se quiere redactar.
- Seleccionar la información que hemos obtenido, desechando la que no vamos a utilizar.
- Ordenar el contenido para que siga un orden lógico.
- Redactar el texto siguiendo las normas ortográficas y gramaticales.
- Revisar el texto y comprobar que resulta adecuado.

2.1.6. Reglas ortográficas básicas: la corrección sintáctica y gramatical

A lo largo de este epígrafe se estudiarán unas normas básicas de ortografía, pero no se pretende realizar una explicación exhaustiva de las mismas; solamente se estudiarán las siguientes: uso de la **b**, de la **v**, de la **g**, de la **j**, de la **h**, de la **ll**, de la **y**, de la **m** y de la **x**.

Si queremos tener un conocimiento más completo de estas normas podemos acudir a un libro de ortografía en donde podremos encontrar una explicación más detallada.

- **Uso de la b**.

  1. Se escriben con b todos los verbos terminados en **-bir**, excepto *hervir*, *servir* y *vivir*.

     Ejemplos: *Subir, recibir, exhibir, concebir, escribir, percibir*.

  2. Todos los pasados de los verbos terminados en **-ar** se escriben con b.

     Ejemplos: *Esperaba, estudiaba, cantaba, jugaba, hablaba, dialogaba*.

  3. Se escriben con b los infinitivos y todas las formas de los verbos **beber** y **deber**, así como todos los verbos acabados en **-eber**, excepto *ver* y *atrever*.

     Ejemplos: *Bebíamos, bebemos, beberemos, debe, debíamos, debíais*.

  4. Los verbos terminados en **-buir** se escriben siempre con b.

     Ejemplos: *Contribuir, atribuir, retribuir, imbuir, distribuir*.

  5. Excepto el verbo *precaver*, todos los verbos que acaban en **-aber** se escriben con b.

     Ejemplos: *Saber, haber, caber, sabíamos, cabíamos, habíamos*.

6. Se escriben con b las palabras que empiezan por los prefijos **bi-**, **bis-**, **biz-**, con significado de doble o dos.

   Ejemplos: *Bisabuelo, bimensual, bilingüe, bicolor, bisnieto, bizcocho*.

7. Las palabras que empiezan por **bibl-**, **bu-**, **bur-**, **bus-** también se escriben con b.

   Ejemplos: *Biblia, bufanda, burla, busca, biblioteca, busto*.

8. Se escribe b siempre que la letra siguiente sea una consonante.

   Ejemplos: *Cobre, hablar, sombrero, bravo, abrigo, brincar, pueblo*.

- **Uso de la v.**

1. Se escriben con v las palabras que empiezan por **vir-**.

   Ejemplos: *Virus, viril, virtud, viruta, viruela*.

2. Las palabras que empiezan por **ad-** se escriben con v.

   Ejemplos: *Adversario, advertencia, adverbio, adviento, adverso*.

3. Se escribe v después de las letras **b**, **n**, **d**.

   Ejemplos: *Obvio, subversión, envidia, inadvertido*.

4. Los nombres de las estaciones del año se escriben con v.

   Ejemplos: *Primavera, verano, invierno*.

5. Los prefijos **vice-**, **villa-**, **villar-**, también se escriben con v.

   Ejemplos: *Vicepresidente, Villagarcía, vicedirector, Villariño, villancico*.

6. Excepto *víbora*, se escriben con v las palabras terminadas en **-viro**, **-vira**, **-ívoro**, **ívora**.

   Ejemplos: *Carnívoro, Elvira, herbívora*.

7. Todas las palabras que comienzan por **na-**, **ne-**, **ni-**, **no-** se escriben con v.

   Ejemplos: *Nave, navaja, nevada, nervio, nivel, nieve, novio, novillo*.

8. Se escriben con v las palabras que empiezan por **eve-**.

   Ejemplos: *Eventual, evento, eventualmente*.

- **Uso de la g.**

1. Se escriben con g todas las palabras que empiezan por el prefijo **geo-**.

   Ejemplos: *Geometría, geología, geocéntrico, geografía, geopolítica, geólogo*.

2. Todas las palabras que comienzan por **in-** se escriben con g, excepto *injerto* y sus derivados.

   Ejemplos: *Ingenuo, indigesto, ingeniero, ingente, ingenuidad, inteligencia.*

3. Se escriben con g todas las palabras que empiezan por **leg-**.

   Ejemplos: *Legislación, legible, legítimo, legión, legendario, legislador.*

4. Las terminaciones en **gia-gio**, **gion-gional**, **gionario-gioso** y **gírico** se escriben con g excepto *lejía*, *bujía*, *herejía*, *espejismo* y *salvajismo*.

   Ejemplos: *Demagogia, litigio, religión, regional, legionario, contagioso.*

5. Se escriben con g los verbos que en infinitivo terminan en **-ger**, **-gir** o **-igerar**, con excepción de *tejer* y *crujir*.

   Ejemplos: *Recoger, proteger, escoger, sumergir, sugerir, corregir, dirigir, refrigerar, aligerar.*

6. Se escribe g delante de cualquier consonante.

   Ejemplos: *Pigmentación, programa, ignorar, progresar, magnífico, globo.*

7. Todas las palabras que comienzan por **gest-** se escriben con g.

   Ejemplos: *Gestión, gesta, gesticular, gestación.*

- **Uso de la j.**

1. Las personas de los verbos terminados en **-jar** se escriben con j.

   Ejemplos: *Bajen, trabajemos, dejémonos, trabaje, deje.*

2. Las palabras que comienzan por **aje-** y **eje-** se escriben con j, a excepción de *agenda*, *agente* y *agencia*.

   Ejemplos: *Ajeno, eje, ejemplo, ejecución, ejercicio, ajetreo.*

3. Las palabras terminadas en **-aje** y **-eje** se escriben con j, excepto *ambages*.

   Ejemplos: *Menaje, embalaje, personaje, garaje, linaje, traje.*

4. Se escriben con j las palabras terminadas en **-jería**.

   Ejemplos: *Extranjería, relojería, cerrajería, conserjería, brujería.*

5. Las palabras que acaban en **-jear** se escriben con j.

   Ejemplos: *Ojear, hojear, pintarrajear, canjear, granjear, cojear.*

6. Se escriben con j las palabras terminadas en **-jero** y **-jera**, excepto *ligero* y *flamígero*.

   Ejemplos: *Relojero, extranjero, pasajero, mensajero, cajero, granjero.*

- **Uso de la h.**

1. Se escriben con h todas las formas de los verbos: **haber, hacer, habitar, hallar, hablar**.

   Ejemplos: *Hubiera, hago, habitad, hallado, hablabais, hábito.*

2. Se escriben con h las palabras que comienzan por **hie-**, **hue-**.

   Ejemplos: *Hierba, hierro, hielo, huérfano, hueco, hueso, huella.*

3. Las palabras que empiezan por **hum-** y les sigue una vocal se escriben con h.

   Ejemplos: *Humorista, humo, humildad, humano, humedad.*

4. Los prefijos **hipo-**, **hiper-**, **hidr-** se escriben con h.

   Ejemplos: *Hipocresía, hipopótamo, hipermercado, hidrógeno.*

5. Se escriben con h las palabras que contengan los diptongos **hue, hui, hie, hia**.

   Ejemplos: *Huida, hiedra, hierro, hiato.*

6. Se escriben con h los prefijos **hecto-**, **hexa-**, **hemi-**, **hepta-**, **helio-** de las palabras compuestas.

   Ejemplos: *Hectómetro, hexágono, hemisferio, heptaedro, heptasílabo, heliógrafo.*

7. Las palabras que empiezan por **hebr-**, **hist-** se escriben con h, a excepción de *Ebro* o *istmo*.

   Ejemplos: *Hebreo, hebra, historia, histología, histeria.*

8. Cuando comienzan por **herm-**, **hern-** las palabras se escriben con h, excepto *ermitas* y *Ernesto*.

   Ejemplos: *Hermosa, hermana, hermético, hernia, herniado.*

9. Si las interrogaciones o interjecciones sólo acompañan a una vocal, ésta lleva h.

   Ejemplos: *¿Eh? ¡Ah! ¡Oh! ¡Eh!*

- **Uso de la ll.**

1. Se escriben con ll las palabras que empiezan por **lla-**, **lle-**, **llo-**, **llu-**, excepto *yacer, yarda, yegua, yodo, yuca.*

   Ejemplos: *Llave, llama, lleno, llega, llora, llovizna, lluvia.*

2. Las palabras que empiezan por **fa-**, **fo-**, **fu-** se escriben con ll.

   Ejemplos: *Fallecer, fallar, follón, folleto, fullero, fuelle.*

3. Se escriben con ll las palabras que terminan en **-illa**, **-illo**.

Ejemplos: *Pastilla, costilla, castillo, silla, vajilla, tresillo, cepillo, anillo.*

4. Las palabras que terminan en **-alla**, **-ella**, **-ello** se escriben con ll.

Ejemplos: *Falla, toalla, ella, paella, cabello, sello.*

- **Uso de la y.**

1. Se escriben con y las palabras que empiezan por **yer-**.

Ejemplos: *Yerno, yermo, yerro, yermar, yerto.*

2. Al principio de palabra se escribe y cuando va seguida de una vocal.

Ejemplos: *Yunque, yacimiento, yegua, yugo.*

3. Cuando las palabras no son agudas y terminan con sonido i, se escriben con y.

Ejemplos: *Hay, buey, ley, convoy, doy, rey, muy, voy, soy.*

4. La conjunción copulativa se escribe y.

Ejemplos: *Los alumnos de administrativo celebran los carnavales en la discoteca.*

5. Después de los prefijos **ad-**, **dis-**, **sub-** se escribe y.

Ejemplos: *Adyacente, disyuntivo, subrayar.*

6. Cuando en una palabra entre dos vocales existe el sonido "y" consonántico se escribe con esta letra y.

Ejemplos: *Vaya, huya, raya, hoyo, rayo, boya, cayado.*

7. La sílaba **yec** se escribe con y.

Ejemplos: *Inyección, proyectar, proyecto, trayecto.*

8. Se escriben con y las palabras que empiezan por **yes-**.

Ejemplos: *Yeso, yesca, yesería, yesoso.*

- **Uso de la m.**

1. Se escribe m al final de algunas palabras que proceden de otras lenguas.

Ejemplos: *Currículum, memorándum, álbum, ídem, ultimátum.*

2. Antes de las letras **b**, **p** se escribe m.

Ejemplos: *Columna, alumno, himno, calumnia, solemne, amnistía, amnesia, gimnasia.*

- **Uso de la x.**

  1. Se escribe x delante de las sílabas **-pla, -ple, -pli, -plo, -pra, -pre, -pri, -pro**, excepto *esplendor* y *espliego*.

     Ejemplos: *Explosión, expresar, explanada, exprimir, explicar, exprés.*

  2. Las palabras que empiezan por el prefijo **extra** (fuera de) se escriben con x.

     Ejemplos: *Extraordinario, extranjero, extraño, extramuros, extrarradio, extradición, extraviar.*

  3. Las palabras que comienzan por sonido **ex-** seguido de h o vocal se escriben con x, excepto *esófago, esotérico, esencia.*

     Ejemplos: *Exhibir, exhortar, exhalar, examen, exiliado, exento, exagerar.*

  4. Las palabras que comienzan por **exce-**, **exci-** se escriben con x, excepto *escena, escrito, escisión, escéptico.*

     Ejemplos: *Exceso, excelente, excitante, excipiente.*

  5. Delante de las consonantes **c, p, t** se escribe x.

     Ejemplos: *Excelencia, excepción, excavar, experto, expediente, extenso.*

- **Utilización correcta de las palabras.**

  Aunque el escribir correctamente es muy importante, no lo es menos la utilización adecuada de las palabras, por lo que es de gran ayuda tener siempre a mano un buen diccionario donde puedas consultar las dudas que te surjan.

  Nuestra lengua es muy rica en matices, pero en alguna ocasión puede presentar algún problema, ya que hay palabras que suelen emplearse mal o que se escriben de forma incorrecta.

  A continuación se explican aquellos errores que nos encontramos con más frecuencia.

  – **Palabras que al escribirse juntas o separadas cambian su significado.**

    Ejemplo 1: a sí mismo, asimismo, así mismo.

    - *A sí mismo*. A su propia persona. (*Nadie piensa en cambiarse a sí mismo.* León Tolstoi).
    - *Asimismo*. También. (*Asimismo le mandé un e-mail para verificar lo que habíamos estado hablando*).
    - *Así mismo*. De esta manera. (*Puedes dejarlo así mismo*).

Ejemplo 2: porqué, porque y por qué.

- *Porqué*. Causa o motivo; siempre va precedido por el artículo "el" u otro sustantivo (su, este, otro...). (*No explica nunca el porqué de sus decisiones*).

- *Porque*. Explica la causa de algo. (*Lo he entendido porque me lo has explicado muy bien*).

- *Por qué*. Solo se utiliza en oraciones interrogativas para preguntar por la causa de una acción. (*¿Por qué tengo que hacer los deberes?*).

– **Palabras que según su ortografía toman diferente significado.**

Ejemplo 1: Solo, sólo.

- *Solo*. Sin compañía. (*El alumno se encontraba solo cuando lo rompió*).

- *Sólo*. Solamente. (*Sólo tienes que decir la verdad*).

Ejemplo 2: Grabar, gravar.

- *Grabar*. Escribir en algún soporte. (*Grabé un DVD con las fotografías*).

- *Gravar*. Imponer un impuesto. (*Hacienda gravó el uso del móvil con un nuevo impuesto*).

– **Empleo inadecuado del verbo deber.**

- *Deber + verbo en infinitivo*. Expresa obligación y puede sustituirse por "tener que". (*Debes estudiar si quieres aprobar*).

- *Deber de + verbo en infinitivo*. Indica duda, sospecha, presunción o probabilidad. (*El profesor debe de estar a punto de llegar, así que estate quieto*).

– **Abuso del gerundio.**

En español, el gerundio expresa que una acción se está produciendo. Sin embargo, en ocasiones se usa como participio del presente, y no es correcto.

Ejemplo:

- *Incorrecto*: Me han regalado una caja conteniendo bombones.

- *Correcto*. Me han regalado una caja que contiene bombones.

Estos son solo unos pocos ejemplos de la importancia que tiene la utilización correcta de las palabras, pero en Internet se pueden encontrar muchos más. Una página en la que se puede consultar es la de la **Real Academia Española** (http://www.rae.es).

2.1.7. Los signos de puntuación

Cuando realizamos un escrito, las palabras no se presentan solas ya que forman parte de un conjunto. En este conjunto desempeñan un papel muy importante los signos de puntuación.

Ya se ha estudiado en el apartado anterior que en el lenguaje oral expresamos entonaciones diferentes con pausas según queramos comunicar alegría, tristeza o distintas emociones. En el lenguaje escrito, **para reflejar estos estados de ánimo se utilizan los signos de puntuación.**

A continuación explicamos los más usuales.

- **La coma**. La colocación de este signo de puntuación es fundamental, pudiendo expresar una idea errónea de lo que realmente queremos transmitir. Se utiliza en los siguientes casos:

  - Para realizar pausas breves.

    Juan, no enciendas el ordenador.

  - Cuando se describen varios elementos uno a continuación de otro sin que tengan conjunción ninguna en medio.

    Los alumnos del Centro son estudiosos, educados, alegres y poseen un gran compañerismo.

  - Cuando el verbo se sobreentiende en la oración.

    Los mejores alumnos del Instituto, los de administrativo.

  - Cuando se intercala en el escrito una oración.

    Este examen, que era muy fácil, sólo lo han aprobado dos.

- **El punto y coma**. Este signo de puntuación señala una pausa menor que si fuese un punto y mayor que si fuese una coma. Cada vez tiende a utilizarse menos en los escritos. Se usa en los siguientes casos:

  - Cuando existen varias oraciones separadas por comas, en la última se pondrá punto y coma para diferenciarlas de la siguiente.

    En la playa hacía mucho calor, el sol quemaba la arena, las sombrillas apenas nos cubrían, el agua estaba templada; todo nos hacía pensar que íbamos a tener que soportar una temperatura muy alta a lo largo de todo el día.

  - Delante de las conjunciones adversativas más, pero, aunque, sin embargo.

    Salieron ayer toda la noche de fiesta a diferentes lugares; pero no consiguieron divertirse como otras veces.

– Si se escriben varias cantidades, para separarlas.

Las entradas para la ópera en palco cuestan 60 euros; en butacas 50; en anfiteatro 20.

- **El punto**. Marca una pausa larga, escribiéndose siempre en mayúsculas después del mismo. Existen tres tipos de puntos:

– *Punto y seguido*. Se coloca para poner fin a una oración cuando en la siguiente se sigue escribiendo sobre el mismo tema y en el mismo párrafo.

Los chicos llegaron del Instituto. Lucía y Alejandro hicieron todos los deberes antes de acostarse. La profesora les había indicado la necesidad de repasar la lección.

– *Punto y aparte*. Se emplea para introducir en el escrito un tema nuevo, colocándose al final de cada párrafo y empezando a escribir en uno nuevo.

Todos los alumnos del Centro han votado para ser representados en el Consejo Escolar. Han sido vencedores los que gozan de más prestigio.

La Dirección del Instituto convoca una reunión...

– *Punto final*. Se emplea para indicar la terminación del escrito.

A todos los asistentes al baile de Carnaval se les entregó un obsequio.

- **Puntos suspensivos**. Son siempre tres y su uso es el siguiente:

– Para indicar que no se completa una enumeración.

La Corporación Municipal, Cámara de Comercio, padres, madres, hijos... celebraban el día de la Fiesta Mayor.

– Cuando se copia algún texto incompleto se pone puntos suspensivos para dar idea de continuidad.

Don Juan Tenorio: "En una apartada orilla el sol y la luna brilla...".

– Cuando se quiere expresar temor o duda.

No firmaré esa carta... aunque me lo pidas tú.

- **Paréntesis**. Se usan para intercalar aclaraciones en el texto. En la correspondencia comercial, especialmente en las cartas, se emplean para poner las cantidades en letras o para añadir datos sobre lo que se redacta, como, por ejemplo, fechas.

El importe de la fra. nº 1.567 asciende a 7.500 euros (siete mil quinientos).

Conseguí dos sobresalientes en el presente curso académico (2012-13).

- **Signos de admiración**. Se utilizan para expresar asombro, pena, admiración o fascinación, colocándose al principio y al final de la frase.

  ¡Pobrecillo, era tan bueno!

  ¡Caramba, ha conseguido el premio la primera vez que se ha presentado al concurso!

- **Signos de interrogación**. Se emplean para hacer preguntas y, al igual que sucede con los de admiración, se colocan al principio y al final de la frase.

  ¿Has aprobado todo?

  ¿Quedaremos esta tarde para ir al cine?

Ejemplo

A continuación, podemos ver un texto sin signos de puntuación. ¿Qué signos son necesarios en el mismo?

La puntuación de los textos escritos con la que se pretende reproducir la entonación de la lengua oral constituye un capítulo importante dentro de la ortografía de cualquier idioma. De ella depende en gran parte la correcta expresión y comprensión de los mensajes escritos la puntuación organiza el discurso y sus diferentes elementos y permite evitar la ambigüedad en textos que sin su empleo podrían tener interpretaciones diferentes si no establecemos los signos de puntuación qué significado podemos darle a los textos

SOLUCIÓN:

La puntuación de los textos escritos, con la que se pretende reproducir la entonación de la lengua oral, constituye un capítulo importante dentro de la ortografía de cualquier idioma. De ella depende, en gran parte, la correcta expresión de los mensajes escritos.

La puntuación organiza el discurso y sus diferentes elementos, y permite evitar la ambigüedad en textos que, sin su empleo, podrían tener interpretaciones diferentes. Si no establecemos los signos de puntuación, ¿qué significado podemos darle a los textos?

2.1.8. Las abreviaturas

Es la representación reducida de una palabra o grupo de palabras, obtenida por eliminación de algunas de las letras o sílabas de su escritura completa. Al final de la abreviatura siempre se pone punto.

A continuación se muestran las abreviaturas convencionales más usuales a nivel administrativo. Se trata de una lista necesariamente incompleta, ya que cualquier usuario de la lengua puede crear cuantas abreviaturas considere oportunas, siempre que lo haga de acuerdo con las reglas de formación de este tipo de abreviaciones.

Abreviatura	Significado
A/A	a la atención
a/c	a cuenta
acept.	aceptación
admón.	administración
a/f	a favor
afmo. [*fem.* afma.]	afectísimo [afectísima]
art.; art.º	artículo
atte.	atentamente
av.; avd.; avda.	avenida
Bco.	banco [entidad financiera]
c.; cl.; c/	calle
c/c; cta. cte.	cuenta corriente
cgo.	cargo
ch/	cheque
Cía.; C.^{ía}	compañía
cje.	corretaje
C. P.	código postal
cta.	cuenta
D.	don
D.ª; Dña.	doña
d/f	días fecha
dpto.	departamento
dto.	descuento
dupdo.	duplicado

Abreviatura	Significado
d/v	días vista
e/c	en cuenta
ef.	efectos
ej.	ejemplo
etc.	etcétera
Excmo. [*fem.* Excma.]	excelentísimo [excelentísima]
Fdo.	firmado
fig.	figura
fra.; f.ª	factura
g. p.; g/p	giro postal
Gral.	general
Ilmo. [*fem.* Ilma.]	ilustrísimo [ilustrísima]
impto.; imp.^{to}	impuesto
Inst.	instituto
L/	letra de cambio
máx.	máximo
mín.	mínimo
n.	nota
núm.; n.º; nro.	número
p. a.; P. A.	por ausencia o por autorización
pág.; p.; pg.	página
párr.	párrafo
Pat.	patente
p. d.	porte[s] debido[s]

Abreviatura	Significado
P. D.	posdata
pdo.	pasado
Pdte. (*fem.* Pdta.)	presidente (presidenta)
p. ej.	por ejemplo
p. o.; P. O.; p/o	por orden
p.º	paseo
p. p.	por poder o porte(s) pagado(s)
ppal.; pral.	principal
Prof. (*fem.* Prof.ª)	profesor (profesora)
pról.	prólogo
prov.	provincia
pza.; pl.; plza.	plaza
reg.	registro
Rte.	remitente
s/c	su cuenta
Sdad.; Soc.	sociedad

Abreviatura	Significado
s. e. u o.	salvo error u omisión
s. f.; s/f	sin fecha
sig.; s.	siguiente
s. n.; s/n	sin número (*de una vía pública*)
Soc.; Sdad.	sociedad
Sr. (*fem.* Sra., Sr.ª, S.ª)	señor (señora)
Srta.	señorita
s. s.	seguro servidor
s. s. s.	su seguro servidor
tfno.; tel.; teléf.	teléfono
tít.	título
U.; Ud. (*pl.*: Uds.)	usted
Univ.	universidad
v/	visto
Vd. (*pl.*: Vds.)	usted
vol.	volumen

Figura 2.3. Listado de abreviaturas.

2.1.9. Las siglas

Las siglas se utilizan para referirse de forma abreviada a organismos, instituciones, empresas, objetos, sistemas, asociaciones, etc.

La sigla o siglas se componen por las letras iniciales de las palabras que se desean abreviar; pero hay que tener en cuenta una serie de reglas que rigen el uso de las mismas:

- Se escriben siempre en mayúsculas.
- Las letras que forman la sigla no irán separadas ni por espacios ni por puntos. Como excepción, y para facilitar su lectura y evitar equivocaciones, si el texto está escrito en mayúsculas, es aconsejable separarla por puntos.
- Las siglas no se escriben en plural.

- Cuando se escriba por primera vez en un documento, debemos hacerlo con la denominación completa y en el resto se utilizará la sigla.

Al igual que sucedía con las abreviaturas, el listado de siglas es muy grande; en la siguiente tabla presentamos unos pocos ejemplos.

Sigla	Significado
ACB	Asociación de Clubes de Baloncesto
AMPA	Asociación de Madres y Padres de Alumnos
ATS	Ayudante Técnico Sanitario
AUI	Asociación Usuarios de Internet
BM	Banco Mundial
BP	Compañía Internacional de Petróleo (British Petroleum Company)
CAD	Diseño Asistido por Ordenador (Computer Aided Desing)
CD	Disco Compacto (Compact Disc)
CEOE	Confederación Española de Organizaciones Empresariales
CEPYME	Confederación Española de Pequeñas y Medianas Empresas
CESID	Centro Superior de Información de la Defensa
CIA	Agencia Central de Inteligencia. (Central Intelligence Agency)
CIF	Código de Identificación Fiscal
COI	Comité Olímpico Internacional
CPU	Unidad Central de Proceso (Central Processing Unit)
DL	Depósito Legal
DNI	Documento Nacional de Identidad
DRAE	Diccionario de la Real Academia Española
ESO	Educación Secundaria Obligatoria
F1	Fórmula 1
FAO	Organización de las Naciones Unidas para la Agricultura y la Alimentación (Food and Agriculture Organization)
FBI	Departamento Federal de Investigación (Federal Bureau of Investigation)
FIFA	Federación Internacional de Fútbol Asociación
FMI	Fondo Monetario Internacional
HI-FI	Alta Fidelidad (High Fidelity)
HTML	Lenguaje de marcaje Hipertextual (Hypertext Markup Language)

Sigla	Significado
HTTP	Protocolo de Transferencia de Hipertexto [Hypertext Transfer Protocol]
I + D	Investigación y Desarrollo
IES	Instituto de Enseñanza Secundaria
INE	Instituto Nacional de Estadística
INEM	Instituto Nacional de Empleo
IPC	Índice de Precios al Consumo
IRPF	Impuesto sobre las Renta de las Personas Físicas
ISBN	Numero Internacional normalizado para los libros [International Standard Book Number]
ISO	Organización Internacional de Estandarización [International Standard Organization]
ISSN	Registro Internacional de Publicaciones Periódicas [International Standard Serial Number]
ITV	Inspección Técnica de Vehículos
IVA	Impuesto sobre el Valor Añadido
MEC	Ministerio de Educación y Cultura
MP3	Formato audio digital comprimido [MPEG-1 Audio Layer 3]
NASA	Administración Nacional de Aeronáutica y del Espacio [National Aeronautic and Space Administration]
NIF	Número de Identificación Fiscal
OCDE	Organización para la Cooperación y el Desarrollo Económico
OIT	Oficina Internacional del Trabajo
OMS	Organización Mundial de la Salud
ONG	Organización No Gubernamental
ONU	Organización de las Naciones Unidas
OPEP	Organización de los Países Exportadores de Petróleo
OTAN	Organización del Tratado del Atlántico Norte
PC	Ordenador Personal [Personal Computer]
PDA	Asistente Digital Personal [Personal Digital Assistant]
PIB	Producto Interior Bruto
PIN	Número de identificación personal [Personal Identification Number]
RAE	Real Academia Española
RAM	Memoria de Acceso Aleatoria [Random Access Memory]
ROM	Memoria solo de lectura [Read Only Memory]

Sigla	Significado
SA	Sociedad Anónima
SME	Sistema Monetario Europeo
SMS	Servicio de mensaje corto (Short Message Service)
SOS	Señal Internacional de Peligro (Save our Souls)
TIC	Tecnologías de la Información y de las Comunicaciones
UE	Unión Europea

Figura 2.4. Listado de siglas.

Ejemplo

A continuación vemos un texto. ¿Qué abreviaturas y siglas podemos poner al mismo?

El Ministro de Hacienda, que es del Partido Popular, ha dado a conocer el Índice de Precios al Consumo del mes de noviembre, situándose éste en el 3,5 por ciento. Según declaraciones del portavoz del Partido Socialista Obrero Español este es un dato muy negativo para nuestra cuenta corriente ya que el número de transacciones que se realizarán disminuirán drásticamente.

A su vez, la Administración ha dicho que los cheques emitidos para pagar las facturas emitidas por cuenta de un tercero obtendrán un descuento general de 12 euros antes de sumarle el Impuesto sobre el Valor Añadido, siempre y cuando la sociedad que emita esa factura sea una Sociedad Anónima, y el vencimiento sea inferior a 30 días fecha.

Esta norma apareció en el Real Decreto número 126, publicado en el Boletín Oficial del Estado el día 12 de noviembre.

SOLUCIÓN:

El Ministro de Hacienda, que es del PP, ha dado a conocer el IPC del mes de noviembre, situándose éste en el 3,5 %. Según declaraciones del portavoz del PSOE este es un dato muy negativo para nuestra cta. cte. ya que el nº de transacciones que se realizarán disminuirán drásticamente.

A su vez, la Admón. ha dicho que los ch/ emitidos para pagar las fras. emitidas por cta. de un tercero obtendrán un dto. gral. de 12 € antes de sumarle el IVA, siempre y cuando la Sdad. que emita esa fra. sea una SA, y el vto. sea inferior a 30 d/f.

Esta norma apareció en el RD nº 126, publicado en el BOE el día 12 de noviembre.

2.2. Equipos y sistemas de comunicación escrita

2.2.1. Los sistemas de comunicación: concepto

Los sistemas de comunicación son más que necesarios hoy en día, el mundo en el que actualmente habitamos se basa justamente en los principios de la comunicación; si analizamos los distintos avances tecnológicos que se fueron sucediendo a lo largo de la historia encontraremos que la mayoría de ellos están vinculados a la comunicación y a conseguir que la vida del hombre sea un poco más sencilla.

Podemos definir a un sistema de comunicación como:

Conjunto de dispositivos interconectados que realizan acciones, las cuales permiten que las personas puedan comunicarse o conectarse entre sí.

Se puede decir que el sistema más antiguo tuvo lugar como oficina de correo, en donde se almacenaban, clasificaban y distribuían las cartas hacia sus destinos correspondientes. Esta fue la primera forma de comunicación material que, por supuesto, tuvo su avance hasta convertirse en lo que hoy conocemos como e-mail.

Las tecnologías emergentes hicieron que el sistema de comunicación a través de la Web sea hoy el más utilizado por todas las organizaciones: mails, chats, mensajes, correo de voz, telefonía IP, foros, etc. A través de una simple máquina, sentados en nuestros lugares de trabajo, nos comunicamos a cualquier parte del mundo sin pagar un precio extra, por esto aseguramos que fue Internet el fenómeno que logró los avances más significativos en la comunicación.

2.2.2. El ordenador

En nuestra sociedad actual, cada vez es más frecuente el uso del ordenador, por eso es necesario conocer los conceptos básicos respecto a su funcionamiento y uso.

Un equipo informático es una máquina que está formada por varios componentes conectados y, a través de programas adecuados, sirve para procesar datos y obtener información útil para el usuario.

Los ordenadores se componen de:

- **Software**: conjunto de instrucciones y datos escritos en lenguaje comprensible para la máquina. El más importante es el sistema operativo, aunque también hay para juegos, llevar la contabilidad, la gestión de una empresa, etc.
- **Hardware**: elementos que componen el ordenador, así como todo lo que se conecta a él, por ejemplo: cables, impresora, pantalla, ventilador interno, placa base, etc.
- **Periféricos**: son los dispositivos conectados al ordenador que hacen posible la realización de tareas y funciones (impresora, ratón...).

2.2.3. Otras herramientas de comunicación: fax

Un fax es esencialmente un escáner de imágenes, un módem y una impresora combinados en un aparato especializado, de tal forma que:

1. El escáner convierte el documento original en una imagen digital.
2. El módem envía la imagen por la línea telefónica; al otro lado, el módem del destinatario lo recibe y lo envía a la impresora.
3. La impresora hace una copia del documento original.

Si bien todavía hay entidades que conservan los fax tradicionales, los nuevos aparatos de fax forman parte de impresoras multifunción.

La emisión de un fax se realiza de la siguiente forma:

1. Ponemos la multifunción en Modo fax.
2. Colocamos el documento en la bandeja de entrada asegurándonos de que no lleva grapas o clips.
3. Ajustamos las guías al tamaño del documento.
4. Marcamos el número de fax del destinatario.
5. Nos aseguramos de que hay papel para que se pueda imprimir el informe de confirmación de la recepción del fax.
6. Pulsamos la tecla de inicio del proceso.

La recepción de un fax se realiza de la siguiente forma:

- Si se dispone de una línea telefónica específica para el fax, la recepción es automática.

- Si es compartida (mismo número para teléfono y fax) al escuchar la señal de llamada para el fax, tendremos que conectarlo.

En la actualidad también es posible utilizar el servicio de fax por Internet o fax virtual. Se basa en el mismo sistema de transmisión de datos mediante línea telefónica, pero sustituyendo el aparato de fax o multifunción, por plataformas Web o de correo electrónico, lo que facilita tanto el envío como la recepción y su posterior archivo en formato digital.

En la actualidad son muchas las empresas que ofrecen este servicio, como por ejemplo:

myfax® faxing simplified. anytime. anywhere

infoE Comunicarse es sencillo

FAXBOX.com LEADING FAX MAIL SERVICES

eFax® Easy faxing anywhere.

telefácil servicios de telefonía a su medida

2.3. Comunicaciones escritas internas de carácter breve

2.3.1. Concepto

Las organizaciones los utilizan para transmitir información a sus empleados.

No existe un modelo predefinido para redactar estos documentos, pero deberéis tener en cuenta las reglas generales de la redacción de cualquier mensaje, es decir, estos documentos deben ser:

- Claros.
- Breves.

2.3.2. Tipos de comunicaciones internas: los avisos, los rótulos y los comunicados de régimen interior

Los avisos

Tal y como indica su nombre sirven para informar a los empleados de la organización sobre diversos hechos que pueden ser de su interés.

Normalmente, en el encabezado, se pone alguna de las siguientes expresiones:

— AVISO.

— ANUNCIO.

— A TODO EL PERSONAL.

— ETC.

Al final del documento se pone la fecha y la firma de la persona que se hace responsable del aviso. En ocasiones se suple con el sello del departamento que lo emite.

Para que todos los empleados puedan verlo, se deben colocar en lugares visibles, como el tablón de anuncios o espacios por donde transite el personal al que van dirigidos.

A continuación se puede ver un ejemplo de un aviso.

LOGO ORGANIZACIÓN

AVISO

Se comunica a todos los trabajadores que a partir del próximo día 20 de diciembre comienzan los reconocimientos médicos, por lo que deben pasar por el Servicio Médico para apuntarse.

Zaragoza, 1 de diciembre de 20xx

Figura 2.5. Ejemplo de un Aviso.

Los rótulos

El rótulo de una organización es su presentación para el nuevo cliente. La visualización del mismo proporcionará la primera sensación de la organización.

Hoy en día, con el avance de la informática, son pocas las personas que se dedican a rotular con pincel. Más de un 95% de la rotulación se realiza por medio de letras adhesivas.

Solamente se realizan rótulos con pincel cuando se tienen que poner en lugares o sitios en los cuales es muy difícil adherir las letras (fachadas rugosas, puertas onduladas, etc.), o cuando se pretende dar un aire antiguo u artesano al rótulo.

En la rotulación es de suma importancia conocer qué colores destacarán más al combinarlos con otros; hay que buscar el máximo contraste posible entre la letra y el fondo elegido, para que en la lectura del rótulo, el fondo no reste visibilidad a las letras.

A continuación se sugieren una relación de colores, en orden de visibilidad, que pueden ser de utilidad a la hora de realizar cualquier rótulo:

1º	Negro sobre fondo amarillo	6º	Negro sobre fondo blanco	11º	Rojo sobre fondo amarillo
2º	Verde sobre fondo blanco	7º	Amarillo sobre fondo negro	12º	Verde sobre fondo rojo
3º	Rojo sobre fondo blanco	8º	Blanco sobre fondo rojo	13º	Rojo sobre fondo verde
4º	Azul sobre fondo blanco	9º	Blanco sobre fondo verde		
5º	Blanco sobre fondo azul	10º	Blanco sobre fondo negro		

Figura 2.6. Contraste de colores.

En las siguientes imágenes se pueden ver algunos rótulos:

Figura 2.7. Ejemplos de rótulos.

A través del procesador de textos Microsoft Word es posible crear rótulos utilizando una opción del mismo: **WordArt**.

Existen dos tipos de rotulación diferentes: la manual y la digital.

- **Rotulación manual**. Debido al uso extendido de la informática no se suele utilizar este tipo de rotulación. En la imagen siguiente se muestra cómo se deben rotular las letras y los números.

Figura 2.8. Cómo rotular de forma manual números y letras.

- **Rotulación digital.** La rotulación de textos en los documentos de las organizaciones se realiza a través de la rotulación digital, es decir, utilizando medios informáticos.

En los rótulos es fundamental el uso que se hace del color. Todo ser humano tiene unas preferencias de color, por las que relaciona un tono determinado con algún tipo de sentimiento o emoción.

En la siguiente tabla se puede observar las sensaciones y el uso comercial que se asocian a los distintos colores:

Color	Sensaciones	Uso comercial
Rojo	Trasmite pasión, violencia, peligro, fuerza, calor y energía.	Se puede utilizar para vender estufas, cocinas, etc.
Amarillo	Transmite optimismo y está relacionado con la luz.	Se puede asociar a la venta de lámparas, bombillas, etc.
Azul y verde	Son los colores de la amistad y la esperanza respectivamente. Transmiten frío, frescor y claridad.	Resultan adecuados para vender productos congelados, helados, verduras, etc.
Violeta	Es un color místico y de penitencia.	Es adecuado para la venta de artículos religiosos, esotéricos, etc.
Marrón	Representa lo sensitivo y se encuentra muy relacionado con el cuerpo.	Se puede utilizar en la venta de productos farmacéuticos, prótesis, etc.
Blanco	Simboliza la pureza y la limpieza.	Se puede asociar a detergentes, medicinas, etc.
Negro	Es el color de la tristeza, luto o elegancia.	Adecuado para la venta de productos de vestir y complementos clásicos y de diseño.

Figura 2.9. El significado de los colores.

Existe mucha variedad de soportes para la rotulación, destacando los siguientes:

- **Aluminio sándwich**. Planchas de 2, 3 ó 4 mm de espesor con superficie plana y rígida. Son muy ligeras de peso y con mínima dilatación, usándose para cartelería de interior y exterior.
- **Cartón pluma**. Planchas tipo sándwich (papel, espuma, papel) muy ligeras y económicas. Son el soporte ideal para cartelería de interior, ya que se cortan con suma facilidad (cúter, cuchillas, etc.) y se pueden taladrar, serigrafiar, troquelar, etc.
- **Metacrilato**. Planchas de gran resistencia a los rayos ultravioleta. Tienen unas óptimas propiedades mecánicas, eléctricas y térmicas, además de su buen comportamiento a los agentes atmosféricos. Se pueden cortar, pintar, barnizar, serigrafiar, termoformar, roscar, esmerilar, acuchillar y encolar.
- **Policarbonato**. Planchas de gran resistencia al impacto (prácticamente irrompibles) y difícilmente inflamables.
- **Glaspol**. Planchas de polietileno de alta densidad, siendo una alternativa duradera para realizar rótulos antivandálicos, señales indicadoras, piezas para parques infantiles y todo tipo de piezas grabadas.

- **Vinilo**. Utilizado para la realización de rótulos sencillos. La alta flexibilidad que tiene le permite adherirse a prácticamente cualquier superficie no porosa.

Los comunicados de régimen interior

También se les denomina **Memorándum** o **Nota Interna**. Es un documento utilizado para comunicarse entre sí los diferentes departamentos o secciones pertenecientes a la misma organización.

Se utilizan para transmitir órdenes, solicitar algo, etc.

Al igual que cualquier carta, consta de tres partes claramente diferenciadas:

- *Inicio*. Figuran los siguientes datos:
  - Nombre o razón social de la organización, pudiéndose sustituir por su logotipo. No figura la dirección, teléfono o e-mail ya que se trata de un comunicado interno.
  - Fecha de confección.
  - La palabra "**DE**" seguida del nombre del departamento o responsable que envía el comunicado.
  - La palabra "**A**" y el nombre del departamento o responsable al que se envía el comunicado.
  - La palabra "Asunto" seguida del motivo del comunicado.
- *Contenido*. Exposición breve y concisa indicando el motivo que origina el escrito.
- *Final*. Constará de la firma de la persona que envía el mensaje. Si junto al mismo se envía otro documento, figurará también un **ANEXO**.

Estos documentos se escriben a doble espacio, con unos márgenes de: 4 a 6 centímetros para el izquierdo y entre 2 y 4 para el derecho.

En la siguiente imagen se puede ver un ejemplo de comunicado interno.

INICIO

LOGO ORGANIZACIÓN

COMUNICADO INTERNO

FECHA: 14/10/20xx

DE: DIRECTOR COMERCIAL

A: DEPARTAMENTO DE COMPRAS

CONTENIDO

Asunto: **SOLICITUD DE MATERIAL**

Estimado Sr. Ramírez:

Adjunto relación de las necesidades de material de la Dirección Comercial para el próximo mes de agosto. Como observará, el pedido es bastante menor de lo previsto al principio del año, esta desviación se corregirá durante el próximo trimestre.

Para cualquier aclaración me puede localizar en la extensión 251.

FINAL

Anexo: Relación de material.

Figura 2.10. Ejemplo de un Comunicado Interno.

Actividades propuestas

2.1. Con fecha de hoy el Departamento de Contabilidad de la empresa "CARBUROS, S.L." manda un comunicado interior al Departamento de Nóminas indicándole que tienen que entregar en la primera semana de cada mes las nóminas de los trabajadores para proceder a su contabilización.

2.2. Realizar una tabla indicando cuáles son las diferencias que existen entre los comunicados internos y los avisos.

2.3. El Jefe de Personal de la empresa "Hierros Metálicos, S.A." manda una nota interior al Jefe de Compras indicándole los datos del nuevo empleado que trabajará en esa sección. Confeccionar la citada nota con fecha de hoy.

2.4. Realizar un aviso a los trabajadores del taller de automoción indicándoles que la próxima semana habrá una inspección de Prevención de Riesgos Laborales. El aviso lo realiza con fecha de hoy el Departamento de Prevención.

2.5. Realizar dos carteles, en el primero que "se permita aportar ideas" y, en el segundo, que "no se permita comer".

2.6. Utilizando cartulina, del color que consideremos adecuado, confeccionamos los siguientes carteles a mano:

- Oferta especial, lleve 3 y pague 2.
- Rebajas de un producto.
- 2ª unidad al 70% de descuento.

Si nos resulta más sencillo, utilizamos el ordenador para realizar los carteles y después hacerlos a mano.

2.7. Preparamos los siguientes documentos de información interna:

- Aviso del departamento de personal a todos los empleados de la empresa para decirles que pasen a buscar los equipos de protección individual a lo largo de la semana que viene en horario de oficina.
- Comunicado del Encargado de Almacén al Jefe de Administración para indicarle que hace dos semanas que están esperando el material de oficina que se solicitó.

2.8. A continuación podemos observar un texto en el que se han escrito palabras que no están usadas correctamente. Copiar de nuevo el texto haciendo uso de las palabras adecuadas.

Después de dos largas horas de camino, al fin llegamos a un vello pueblo adonde aún no había llegado el uso de los móviles; debía ser por encontrarse entre las montañas y solo accesible a través de una pista forestal.

Vivía en el pueblo cinco personas mayores que se dedicaban a cuidar de los animales; así mismo, se ocupaban de unos pequeños huertos. Hablando con la Sra. Nieves nos decía: "Mi hijo vive lejos y lo echo de menos". Era normal, llevaba casi más de uno año sin subir por allá.

El resto que lo habitaban no llegaban a ser tan viejos como la Sra Nieves, pero esta circunstancia tampoco nos tranquilizaba porque solo había una persona que tuviera vehículo, ¿qué haríamos los demás si éste se ponía enfermo?

No había el por qué preocuparse, teníamos todo tan bien preparado, que todas las reflexiones estaban de mas. Habíamos planificado un viaje para descansar, y así debía de ser.

2.9. Leer el siguiente texto de Manuel Toledo y Benito, que figura recogido en el libro de José D. Forgione titulado "Ortografía intuitiva", publicado por Kapelusz, en Buenos Aires (Argentina).

Cuéntase de un señor que, por ignorancia o malicia, dejó al morir el siguiente escrito, falto de todo signo de puntuación:

"Dejo mis bienes a mi sobrino Juan no a mi hermano Luis tampoco jamás se pagará la cuenta al sastre nunca de ningún modo para los jesuitas todo lo dicho es mi deseo".

Se dio lectura del documento a las personas aludidas en él, y cada cual se atribuía la herencia. Mas a fin de resolver estas dudas, acordaron que cada una presentara el escrito corriente con los signos de puntuación cuya falta motivaba la discordia delante del Gobernador.

Establecer los signos de puntuación como si fueras Juan, Luis, el sastre y los jesuitas. ¿Quién se quedará al final con la herencia?

3. Aplicaciones y medios informáticos que intervienen en la gestión de la comunicación empresarial

Introducción

La expansión de redes las informáticas ha hecho posible la universalización de los intercambios y relaciones, al poner en comunicación a organizaciones que se encuentran en espacios geográficos muy distantes entre sí.

Sin lugar a dudas, las nuevas tecnologías han llevado consigo un cambio espectacular y drástico en todas las organizaciones, con independencia de su tamaño. Aunque son muchas las aplicaciones y medios informáticos que pueden utilizarse en el ámbito empresarial, nosotros nos vamos a centrar solamente en tres: en el correo electrónico, en la agenda electrónica y en el procesador de texto.

Contenido

3.1. El correo electrónico

El correo electrónico (e-mail) es una de las herramientas que más se utiliza en la actualidad en las organizaciones. Permite que un usuario, que esté conectado a Internet, envíe un mensaje a otro usuario sin importar dónde esté localizado.

Las ventajas que presenta este medio de comunicación son cuatro:

- **Rapidez**: los mensajes llegan a su destino en pocos segundos.
- **Economicidad**: debido a los planes de precios que tienen hoy en día la mayoría de las compañías telefónicas, el coste de mandar un e-mail es gratuito.
- **Comodidad**: un mismo mensaje se puede enviar a muchos destinatarios. Además, se pueden incluir archivos adjuntos como imágenes, vídeos, documentos, etc.
- **Disponibilidad**: aunque el destinatario no esté conectado, no pasa nada, recibirá el mensaje cuando se conecte.

Este sistema de comunicación se ha extendido tanto que en algunas organizaciones ha superado con creces al teléfono y ha hecho prácticamente desaparecer otros sistemas de comunicación como el fax.

Para poder enviar y recibir e-mails es necesario que el usuario disponga de una cuenta de correo electrónico. Esta cuenta está formada, generalmente, por dos partes, separadas por el símbolo @:

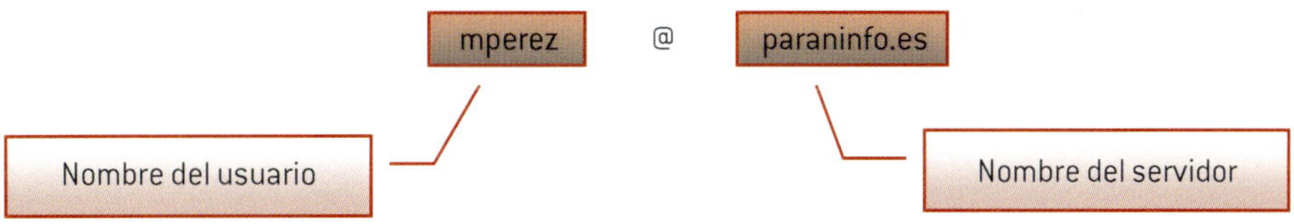

3.1.1. Microsoft Outlook: envío, recepción y archivo de correos

Hay una gran variedad de programas en el mercado para gestionar los correos electrónicos. Algunos de los más utilizados son Outlook, Lotus Notes, Thunderbird y Eudora.

Vamos a estudiar Microsoft Outlook por ser el que utilizan la mayoría de las organizaciones, ocupándonos de la versión 2016.

Microsoft Outlook es un programa informático que no sólo permite enviar, recibir y administrar correo electrónico, sino que también permite administrar el calendario y los contactos, como los amigos o los socios comerciales, tal y como te enseñaremos en el siguiente apartado.

La aplicación se abre haciendo clic en **Botón Inicio>Outlook.**

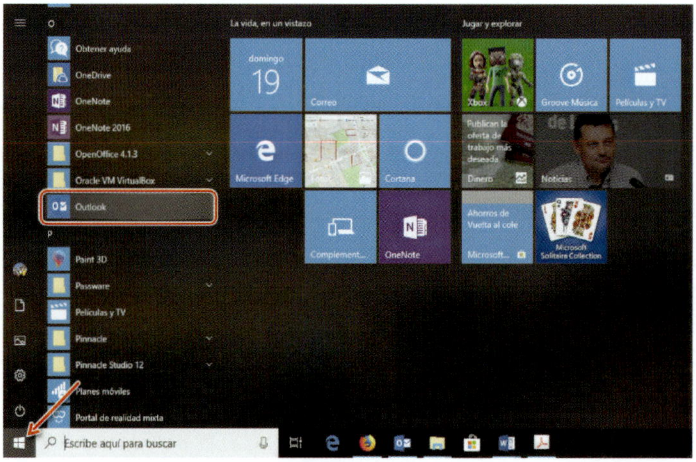

Configurar una cuenta de correo electrónico

Outlook nos da tres posibilidades para configurar una cuenta de correo electrónico:

1. Configurar la cuenta automáticamente en el asistente **Bienvenido a Outlook 2016**.
2. Configurar la cuenta manualmente en el asistente **Bienvenido a Outlook 2016**.
3. Configurar la cuenta desde el menú **Archivo** de Outlook.

Cuando iniciamos Outlook por primera vez se abre el cuadro inicial del asistente, que nos guiará en la configuración de la cuenta de correo electrónico.

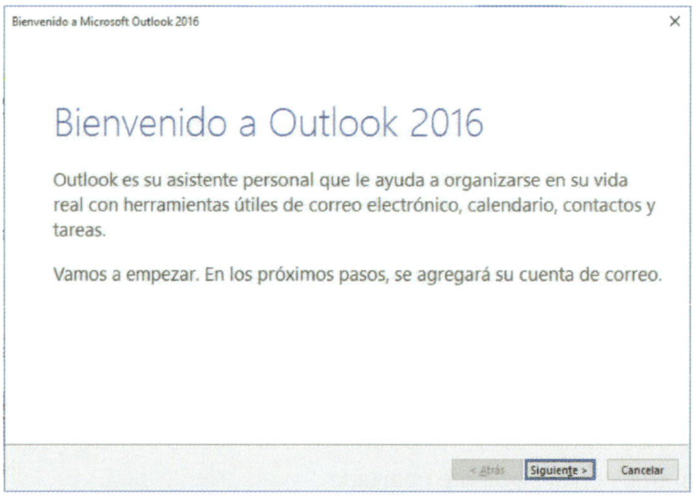

Al pulsar sobre el botón **Siguiente** nos aparece un cuadro en el que nos pregunta si deseamos configurar Outlook para conectarse a una cuenta de correo.

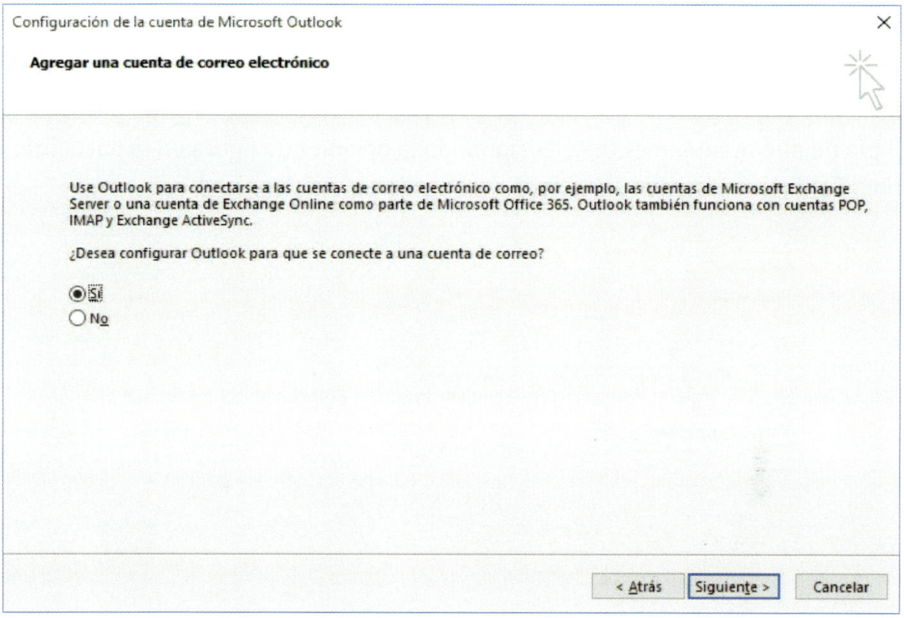

Como lo habitual es utilizar Outlook con una cuenta de correo, marcamos **Sí** y pulsamos sobre el botón **Siguiente**, apareciendo el cuadro de diálogo **Agregar cuenta**.

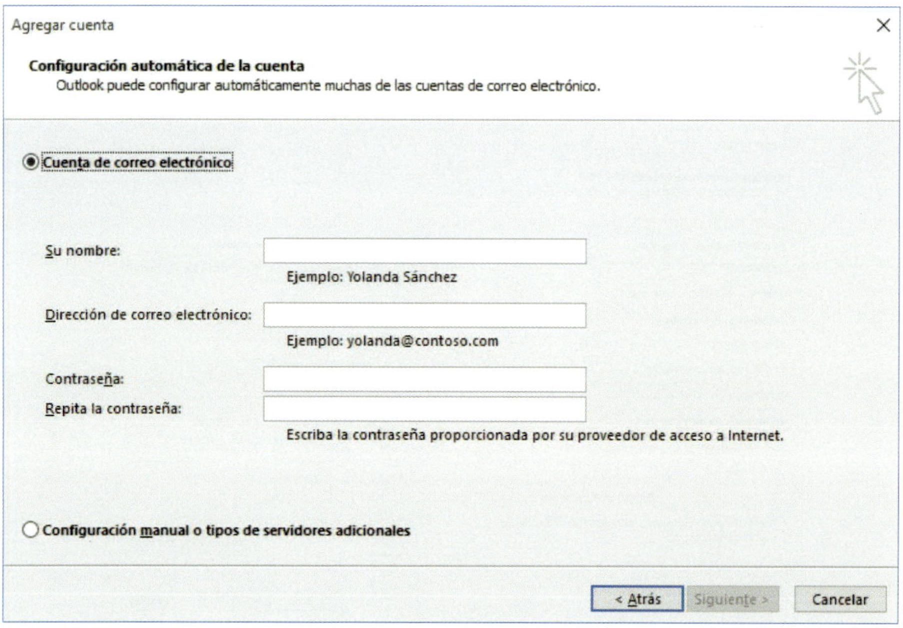

Si el proveedor de servicios de Internet admite la configuración automática de la cuenta, hay que dejar marcada la opción superior y cumplimentar los cuatro campos disponibles. Una vez cumplimentados, automáticamente, Outlook configurará todo lo necesario.

Si el proveedor de servicios de Internet no admite la configuración automática de la cuenta, es posible que ésta no funcione. En este caso, hay que proceder a darla de alta manualmente seleccionando la opción que figura en la parte inferior (**Configuración manual o tipos de servidores adicionales**).

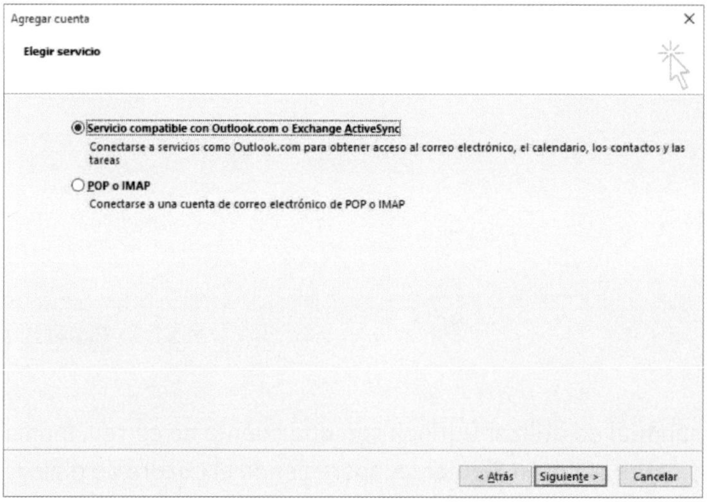

Lo habitual es seleccionar la última opción (**POP o IMAP**). Al pulsar sobre el botón **Siguiente**, aparecerá el cuadro de diálogo que figura en la parte inferior, en el que tendremos que especificar todas las propiedades que nos piden.

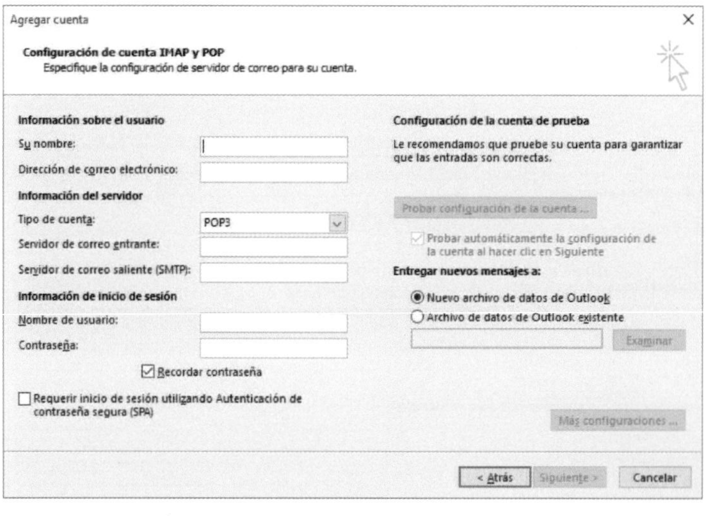

Todos estos parámetros necesarios para la configuración los proporciona nuestro proveedor de correo electrónico.

Cuando se hayan completado todos los datos, hay que hacer clic en el botón **Siguiente** y, por último, en **Finalizar**.

¡¡Ya se puede utilizar la cuenta de correo electrónico!!

Una vez creada la cuenta, se puede modificar cualquiera de los datos. Para ello, desde la ficha **Archivo**, se selecciona la opción **Configuración de la cuenta**, tal y como se muestra en la siguiente imagen.

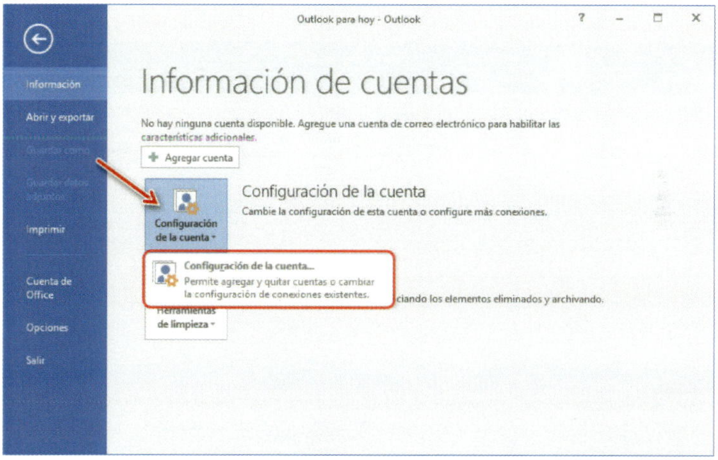

Conocer el área de trabajo

Veamos las partes básicas de la ventana principal de Outlook 2016:

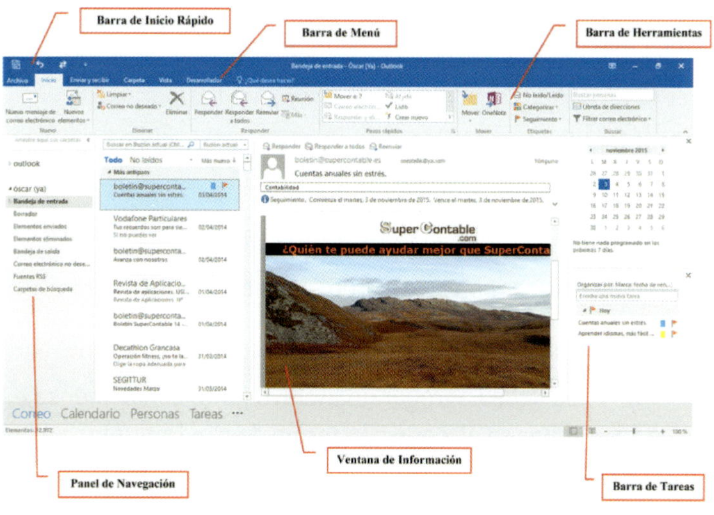

Enviar un mensaje

Para crear un mensaje hay que realizar lo siguiente:

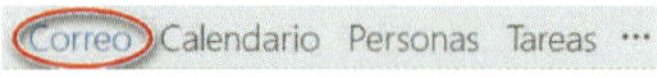

1. Hacer clic en **Correo**, en la parte inferior de la ventana.

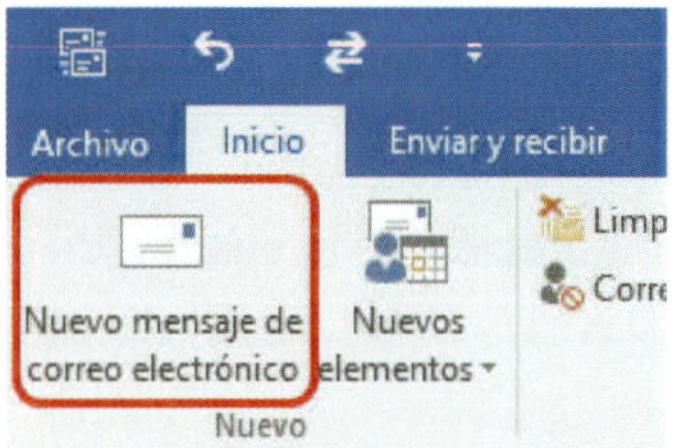

2. Hacer clic en el botón **Nuevo mensaje de correo electrónico** ubicado en la parte superior izquierda, mostrándose la ventana para escribir un mensaje nuevo.

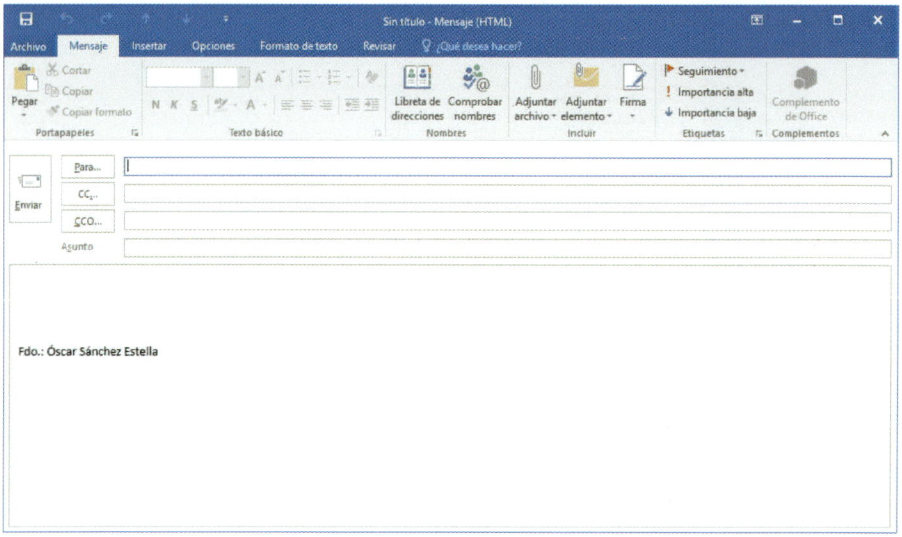

3. En el cuadro **Para**, escribir la dirección de correo electrónico o el nombre de la persona a la que se desea enviar el mensaje.
4. Si se desea mandar una copia a otra persona, escribir la dirección en el cuadro **CC**.
5. Si queremos mandar una copia a otra persona, pero ocultarla al resto de destinatarios, escribir la dirección en el cuadro **CCO**.
6. En el cuadro **Asunto**, escribir el título del mensaje de correo electrónico.
7. En la parte inferior, escribir el texto que se quiera enviar.

8. Si se desea agregar un archivo junto con el mensaje, hay que pinchar en el icono con forma de clip (**Adjuntar archivo**).

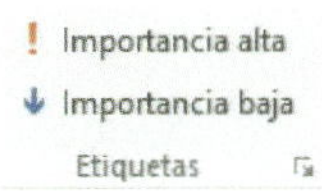

9. Antes de enviar el mensaje, se puede indicar la prioridad que le damos al mismo. De esta forma, podemos asignarle: **Importancia alta** o **Importancia baja**, con tan solo seleccionar alguna de estas opciones disponibles en el grupo **Etiquetas**.

10. Cuando se haya finalizado de adjuntar el archivo, pinchar sobre el botón **Enviar**.

Si lo que queremos es responder o reenviar un correo recibido, haremos clic sobre los botones **Responder** (o, alternativamente, si el correo tiene varios destinatarios y deseamos responder a todos ellos, en el botón **Responder a todos**) o **Reenviar**.

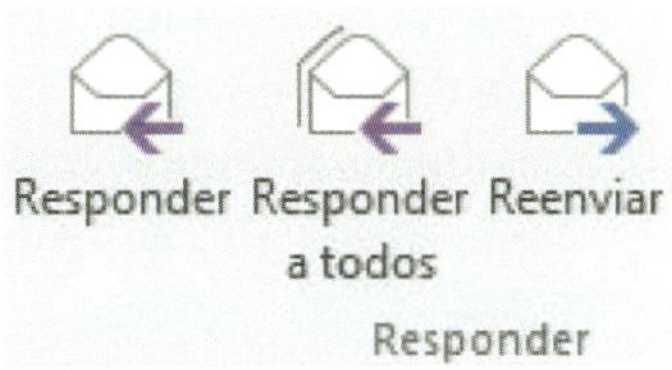

En ese caso se abrirá una ventana idéntica a la anterior, pero con el contenido del correo inicial, como podemos ver en la figura. Bastará escribir la dirección o las direcciones de los destinatarios del correo, el asunto y el cuerpo del mensaje y hacer clic sobre el botón **Enviar**.

Recibir un mensaje

La recepción de mensajes en Outlook es automática, es decir, una vez que abrimos el programa, automáticamente descarga los correos que nos hayan enviado.

De todas formas, disponemos de la ficha **Enviar y recibir** para que el programa lleve a cabo éstas acciones.

Archivo de mensajes

En la **Bandeja de entrada** disponemos de una serie de carpetas en las que se guardan los mensajes siguientes:

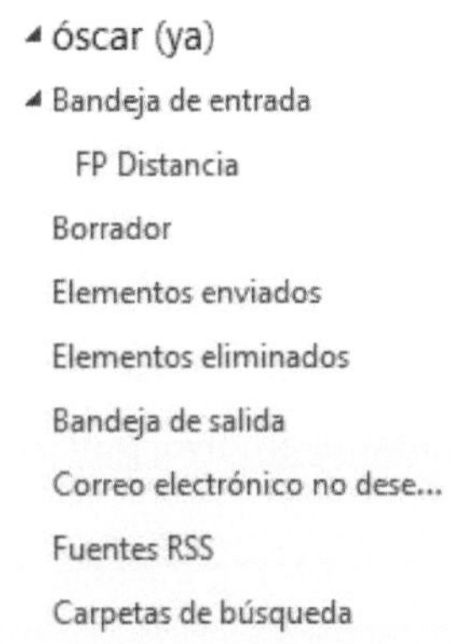

- **Bandeja de entrada**. En ella figuran todos los mensajes que se han recibido.
- **Borrador**. Mensajes que no se han finalizado, o que se quiere conservar sin enviar. Nos permitirá recuperarlos para continuar con su elaboración.
- **Elementos enviados**. Mensajes efectivamente remitidos al servidor de correo saliente.
- **Elementos eliminados**. Contiene los mensajes que se han borrado de cualquiera de las carpetas locales. Funciona de forma similar a la Papelera de reciclaje de Windows. Si se eliminan los mensajes de esta carpeta, se borran definitivamente.
- **Bandeja de salida**. Contiene los mensajes que se desean enviar. Una vez conectados a Internet y efectivamente enviados, estos pasarán de forma automática a la carpeta de Elementos enviados.
- **Correo electrónico no deseado**. Aquellos mensajes que Outlook detecta que provienen de una dirección sospechosa, los envía directamente a esta carpeta.

Etiquetar mensajes

Existen tres formas de etiquetar los mensajes, disponibles todas ellas desde la ficha **Inicio**, grupo **Etiquetas**:

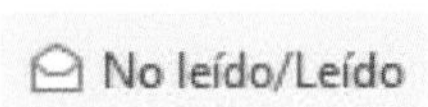

No leído/leído. Permite marcar uno o varios correos No leídos como Leídos y viceversa, para realizar dicha acción solo se necesita seleccionar uno o varios correos y hacer clic en el botón No leído/Leído.

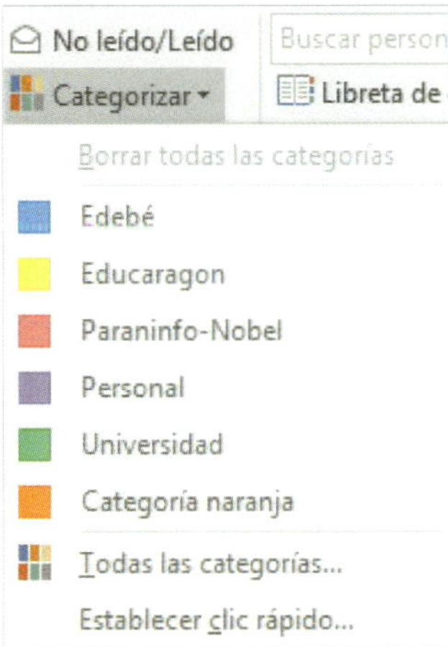

Categorizar. Esta opción permite etiquetar de manera personalizada los correos en las bandejas del usuario a través de diferentes colores para, de esta forma, poder distinguirlos a simple vista.

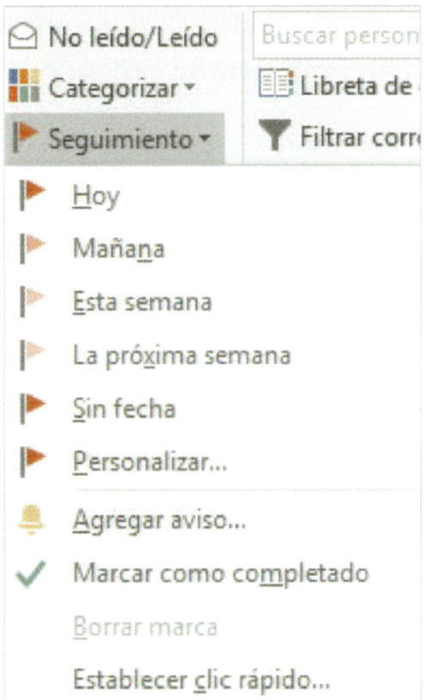

Seguimiento. Este último proceso consiste en señalar con el icono de una bandera un correo electrónico para, de esa forma, recordar al usuario el leer un correo electrónico en un periodo de tiempo.

Organización de mensajes

Cuando el volumen de correo entrante es considerable, almacenarlo todo en la bandeja de entrada no es una buena idea. El correo de nuestras cuentas se puede organizar en **carpetas**, del mismo modo que se hace con los archivos almacenados en un ordenador. La organización en carpetas por categorías debe facilitar la posterior consulta de los mensajes.

Para crear una nueva carpeta haremos clic con el botón derecho sobre uno de los elementos del **Panel de navegación** y, en el menú desplegable, escogeremos la opción **Nueva carpeta**.

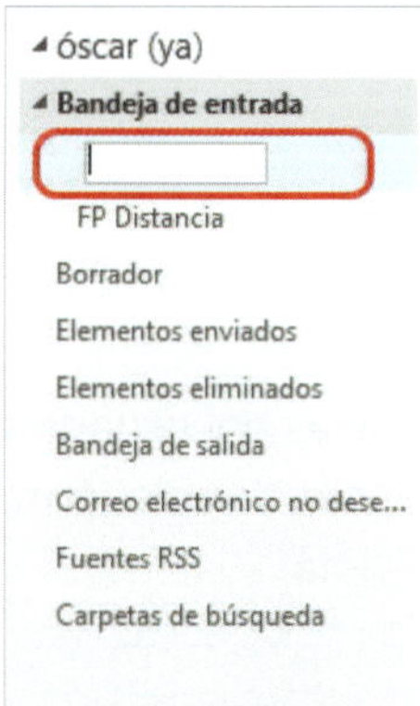

Es posible también crear unas carpetas dentro de otras, preparando así una estructura en forma de árbol, similar a la de los directorios o "carpetas" de almacenamiento de archivos. Para mover un mensaje de correo electrónico a una carpeta lo "arrastraremos" hasta ella con el botón izquierdo del ratón pulsado.

Filtrado de mensajes

Una de las herramientas más útiles e interesantes de los clientes de correo es la posibilidad de **buscar correos** según contengan una palabra o palabras en el asunto, remitente o cuerpo del mensaje.

La forma más sencilla de buscar es mediante la propia opción **Buscar en buzón actual** (Ctrl +B). Al hacer clic sobre esta opción o pulsar la combinación de teclas mencionada, se abre una caja de texto en la que introduciremos el *patrón de búsqueda*. Los resultados se mostrarán como en la imagen:

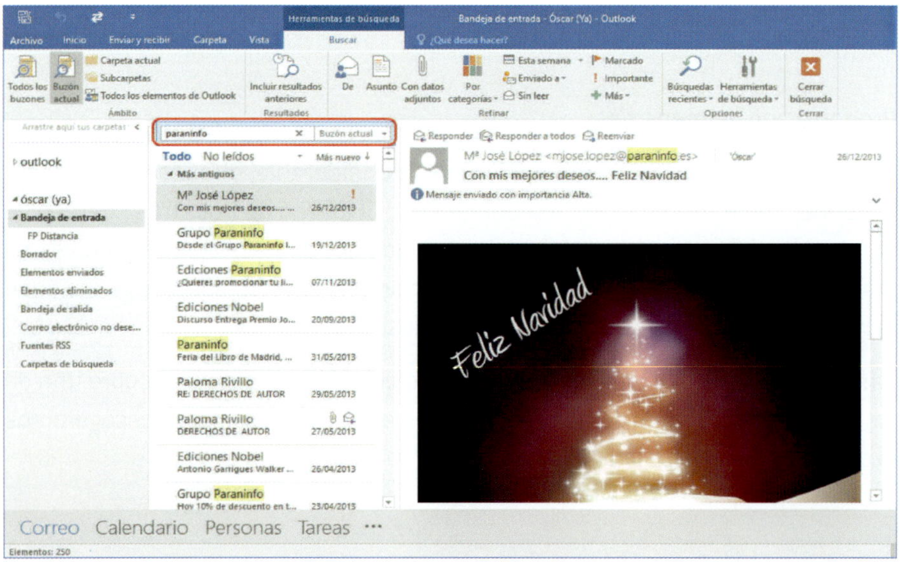

Si queremos efectuar una búsqueda más avanzada y versátil, podemos seleccionar la opción **Búsqueda avanzada**, que se encuentra disponible al desplegar el icono **Herramientas de búsqueda** (Ctrl + Mayúsc. + F), que nos dará acceso a una ventana en la que podremos determinar de forma precisa las condiciones de búsqueda que deseamos aplicar.

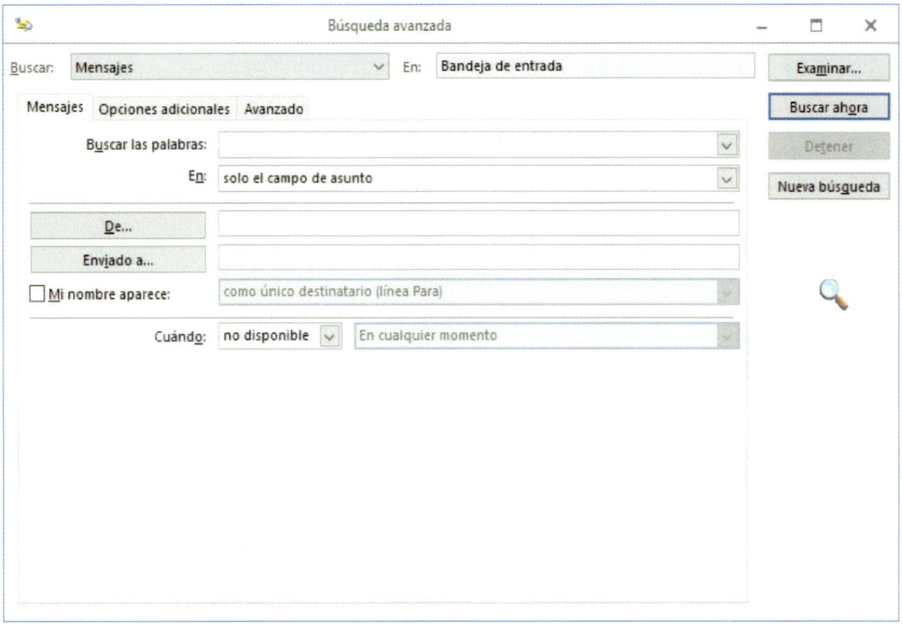

Por último, y gracias a las opciones disponibles en la ficha **Buscar**, podemos realizar búsquedas mucho más precisas aplicando el filtro deseado.

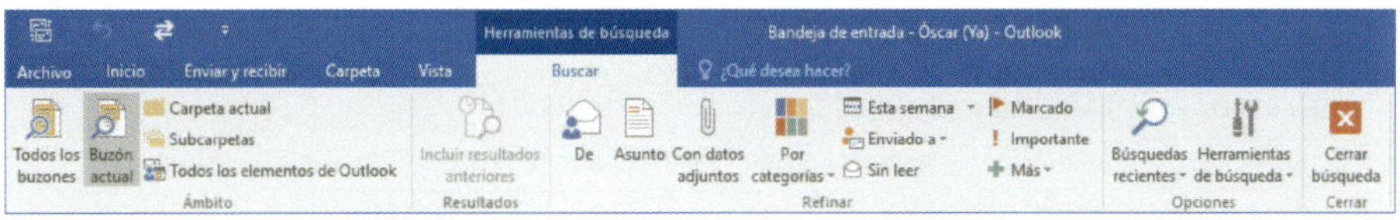

Impresión de mensajes

Como si se tratase de cualquier documento, un correo electrónico se puede imprimir, de tal forma que podremos ver impreso el cuerpo del mensaje, el título del mismo y algunos campos como **De, Enviado** y **Asunto**.

Para imprimir un mensaje solo hay que seleccionarlo y, en la ficha **Archivo**, seleccionar la opción **Imprimir**, apareciendo una ventana como la que se puede ver en la siguiente imagen.

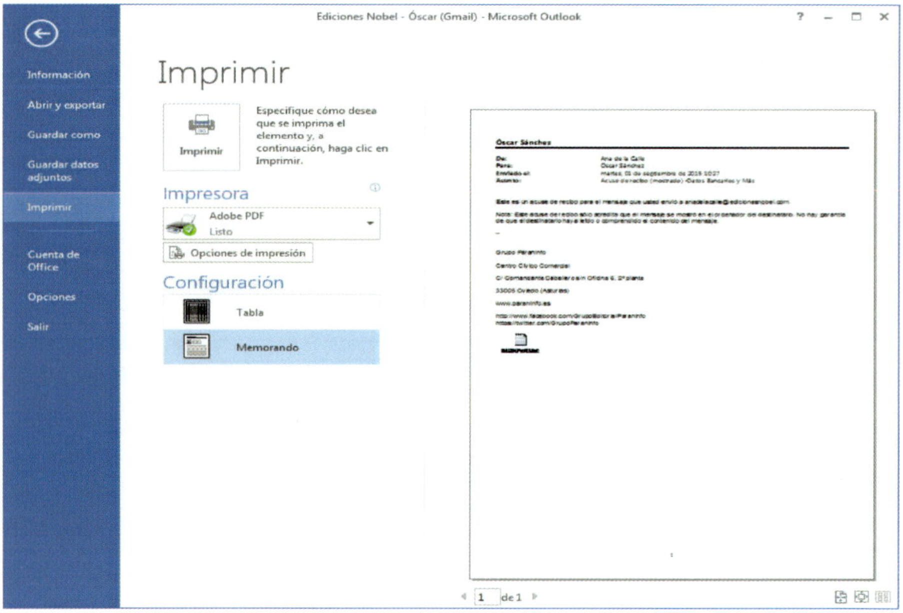

Reglas de correo

Las reglas de Outlook son una serie de órdenes que configuramos con el objetivo de que se realice una determinada acción sin la necesidad de tener que intervenir nosotros. Un ejemplo es el de enviar los correos de un determinado remitente a una carpeta concreta.

El establecimiento de las Reglas de correo se realiza a través de la ficha **Inicio**, grupo **Mover**, donde se encuentra la opción **Administrar reglas y alertas**.

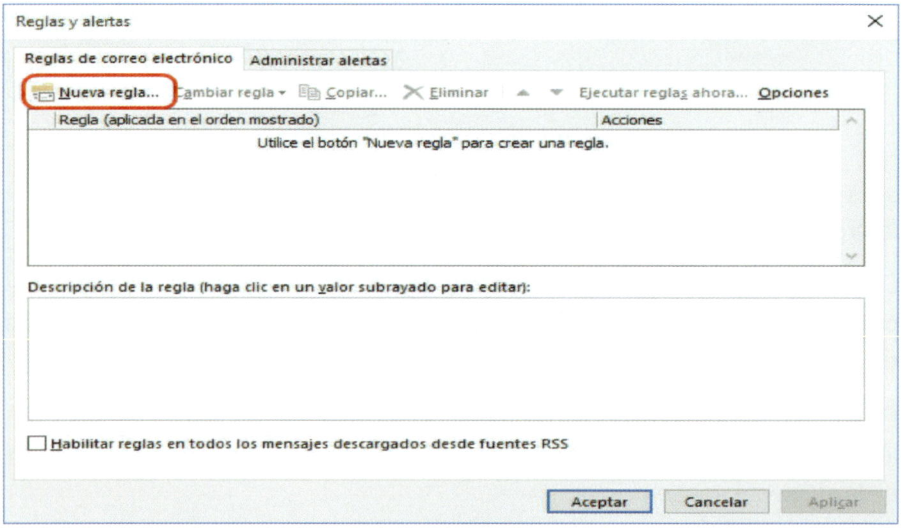

El cuadro de diálogo que aparece al pinchar sobre la opción **Nueva regla...**, nos permite definir a través de un asistente cómo, cuándo y dónde queremos aplicar la regla de correo.

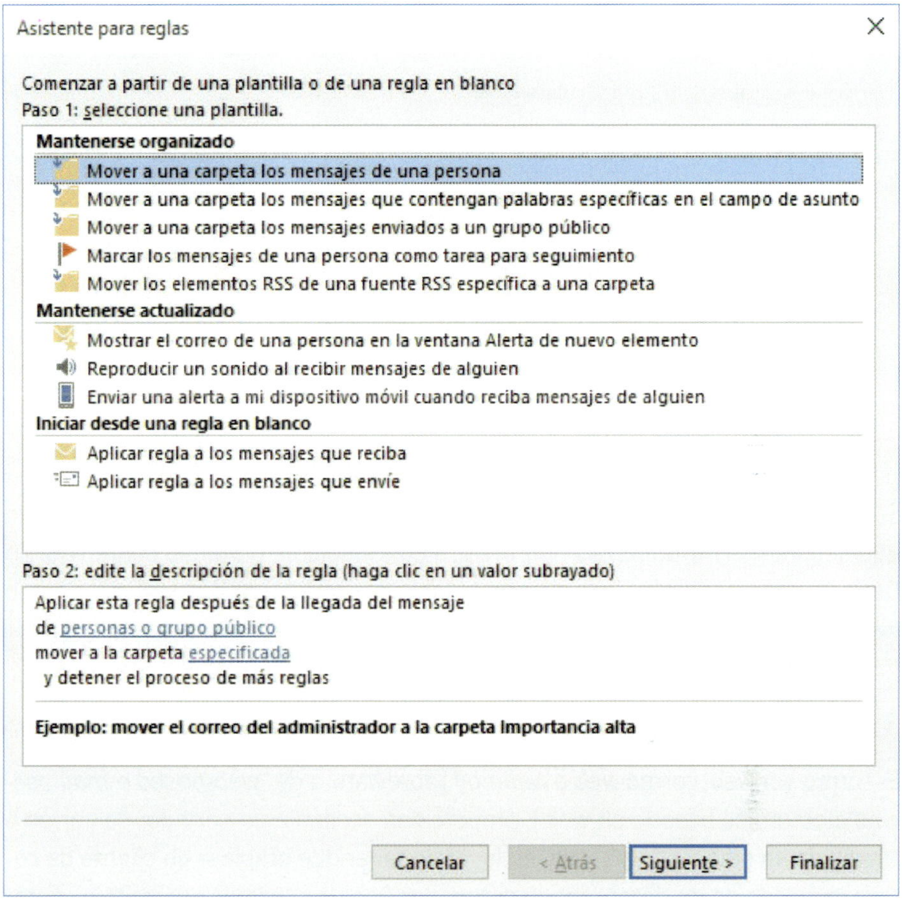

Firmas de correo

Todos los mensajes de correo electrónico incluyen, como ya hemos mencionado, el nombre y la dirección electrónica de su remitente. Sin embargo, en muchas ocasiones resulta interesante añadir al final del mensaje una información más completa sobre la persona que lo ha enviado, un saludo de algún tipo o cierta información (por ejemplo acerca de la confidencialidad del correo). La **firma** es una función de la que disponen la mayoría de clientes de correo y que nos evita tener que escribir dicho texto en cada uno de los mensajes de correo.

En la ventana de redacción de un nuevo correo electrónico, disponemos del botón **Firmas** (ficha **Mensaje**, grupo **Incluir**), para añadir, modificar o eliminar firmas.

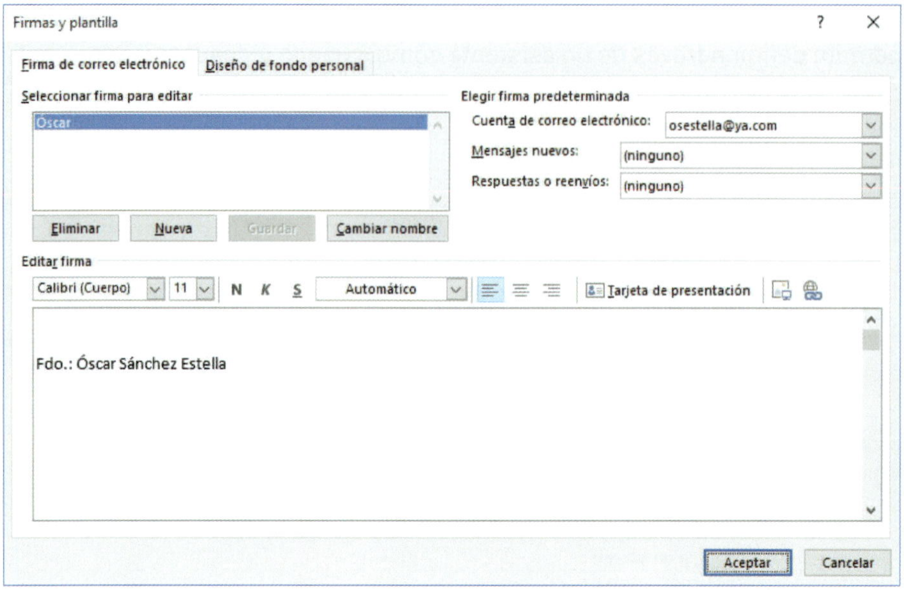

Si queremos generar una nueva firma haremos clic sobre el botón **Nueva**, tras lo que deberemos introducir su nombre y, a continuación, editar su contenido. En Outlook, el contenido de la firma puede incluir formato y otros elementos como imágenes, hipervínculos o tarjetas de presentación.

3.1.2. Correo web

El correo por web, correo web o *webmail* (abreviatura de "*web-based e-mail*", correo electrónico basado en web), proporciona acceso a un servidor de correo a través de un sitio o página web, en lugar de tener que emplear un **cliente de correo** instalado en un determinado ordenador. El correo por web permite ejecutar todas (o buena parte) de las operaciones de gestión del correo (escribir y enviar correos electrónicos, gestionar el buzón de entrada, mantener una libreta de direcciones con información de los destinatarios de los correos) a través de una página web, con una validación previa en la que debemos introducir nuestro nombre de usuario (habitualmente el de la propia dirección de correo) y una contraseña para evitar accesos no autorizados.

La principal ventaja del uso del correo por web es que el usuario puede gestionar su correo electrónico desde cualquier ordenador conectado a Internet. Sin embargo, esta ventaja presenta también un problema: cuando no se tiene acceso a Internet no se pueden consultar los correos ni trabajar con mensajes en borrador que posteriormente se envíen.

El correo por web se hizo especialmente popular a partir de 1997, con la compra de Hotmail por parte de Microsoft. Hoy en día los proveedores más populares de correo web son el propio **Microsoft Live** (propiedad de Microsoft), **Yahoo!Mail** (perteneciente a Yahoo!) y **Gmail** (propiedad de *Google*). Los tres proveedores ofrecen la posibilidad de abrir cuentas de correo de modo gratuito, cuentas del tipo "@outlook.com", "@yahoo.es", "@gmail.com", etc.

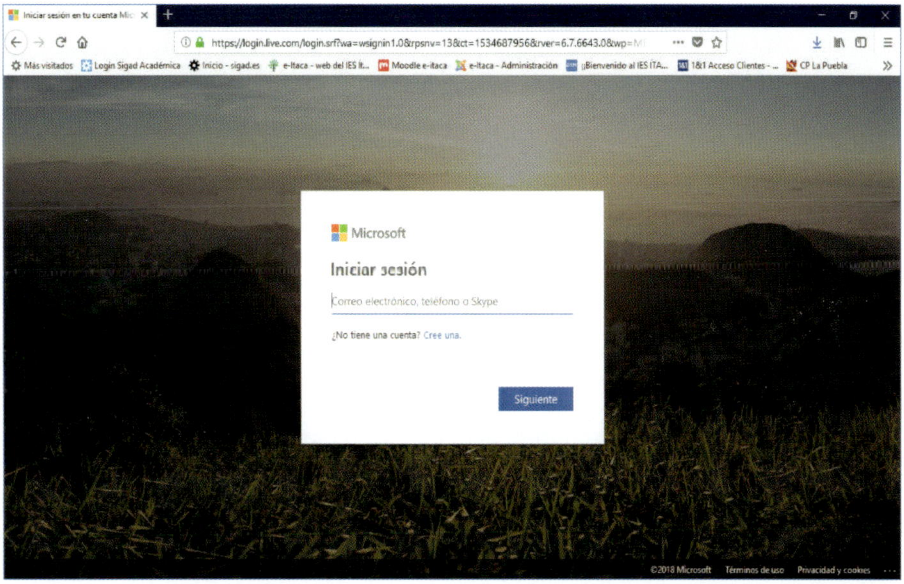

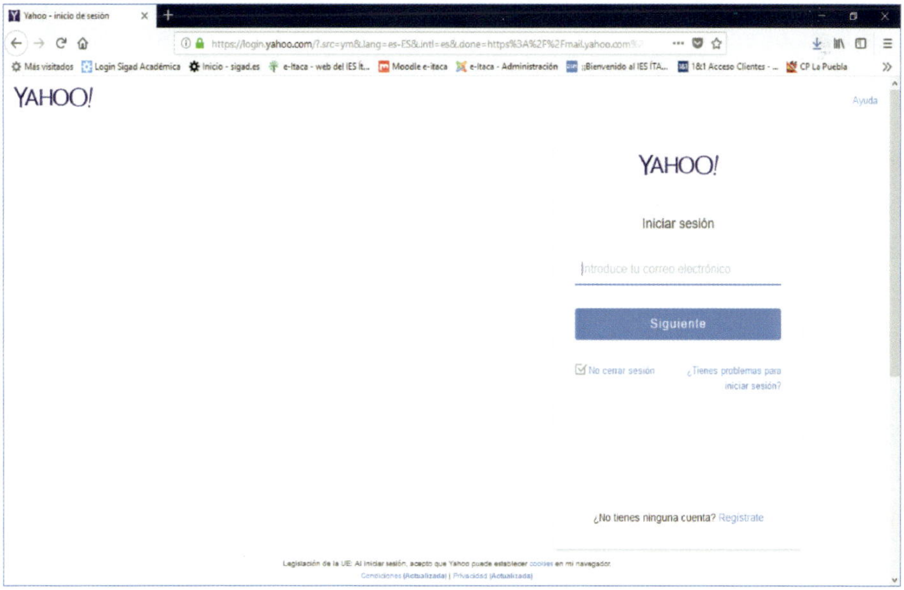

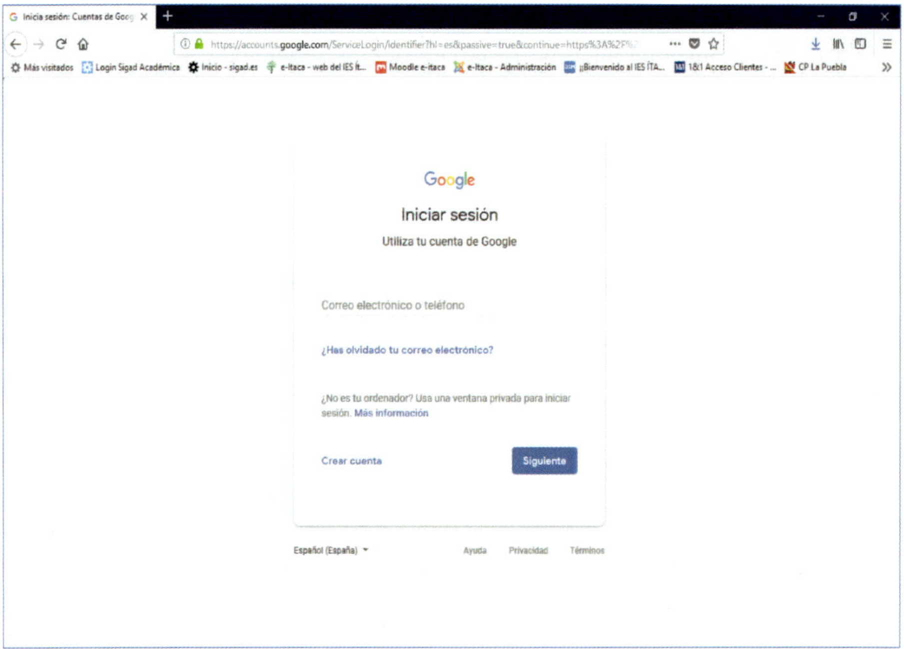

Todos estos grandes proveedores de correo web están constantemente introduciendo innovaciones en sus servicios, de modo que cualquier listado de características que ofrecen corre el riesgo de quedarse pronto obsoleto. De modo general, cada vez existe una mayor integración entre el correo propiamente dicho y otros elementos (mensajería instantánea, organizador de tareas, calendario, compartición de documentos en línea, entre otras muchas). Estos proveedores ofrecen, además, una capacidad de almacenamiento muy grande o, en algunos casos, ilimitada, lo que los convierte en una excelente opción para almacenar los correos y poder consultarlos con ayuda de los potentes buscadores internos que también ofrecen.

3.1.3. ¿Qué gestor de correo electrónico utilizar?

Una vez realizada la explicación de un programa cliente de correo (Microsoft Outlook 2016) y el correo web (webmail), nos podemos preguntar, ¿cuál de los dos es mejor?

En la siguiente tabla se pueden ver las ventajas e inconvenientes de cada una de estas dos opciones.

	Webmail	Clientes de correo
Ventajas	• No es necesaria su configuración. • Puedes consultarse desde cualquier ordenador. • Es más difícil infectarse por un virus, ya que los mensajes no se almacenan en nuestro ordenador.	• Rapidez. • No es necesario estar conectado a Internet para redactar los mensajes, solo hay que conectarse a la hora de enviarlos. • Los mensajes se descargan en el ordenador, por lo que se pueden leer en cualquier momento. • La capacidad de almacenamiento la da nuestro ordenador.
Inconvenientes	• Capacidad de almacenamiento limitada. • Mayor lentitud.	• Mayor facilidad de infectarse con un virus. • Es necesario configurarlo antes de usarlo.

3.2. La agenda electrónica

Actualmente, tanto en el mundo de los negocios como en el ámbito personal, resulta de gran interés llevar al día una agenda en la cual se reflejen eventos y citas programadas, los nombres y datos de familiares, amigos y colegas y un sinfín de informaciones más. Por todos es sabido que las agendas de papel tradicionales ya poco se utilizan y que la mayoría de las personas sabe manejar una agenda digital.

Gracias a Microsoft Outlook es posible tener agrupado el correo electrónico, la lista de citas programadas, la libreta de direcciones e, incluso, un Diario, para anotar todas aquellas experiencias y acciones efectuadas que es interesante recordar.

La integración de todos los elementos de Outlook (Correo, Contactos, Tareas, Notas y Calendario), es una de las principales ventajas de este programa, puesto que, gracias a una buena organización y gestión por parte del usuario, todo puede quedar perfectamente agrupado y resuelto en un mismo espacio.

Contactos

Los contactos en Outlook (que él los llama **Personas**) es la forma en la que podemos agregar u organizar nuestra lista de direcciones de una forma fácil y práctica.

Para crear un contacto realiza lo siguiente:

1. Hacer clic en **Personas**, en la parte inferior de la ventana.

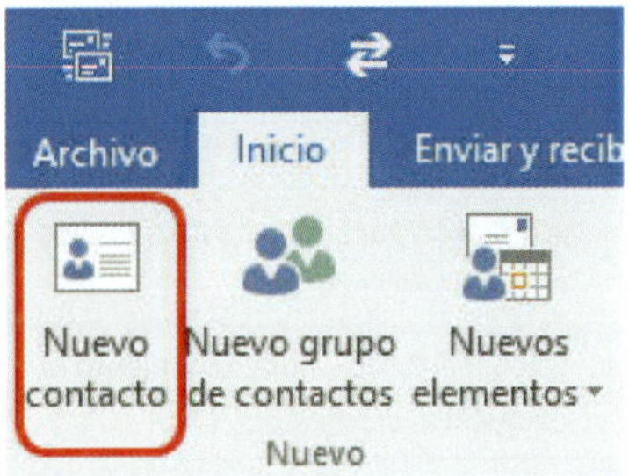

2. Hacer clic en el botón **Nuevo contacto** ubicado en la parte superior izquierda, mostrándose la ventana para dar de alta un contacto nuevo.

   Si lo que deseamos hacer es un **grupo**, es decir, la unión de varios contactos, habrá que hacer clic sobre el botón **Nuevo grupo de contactos**.

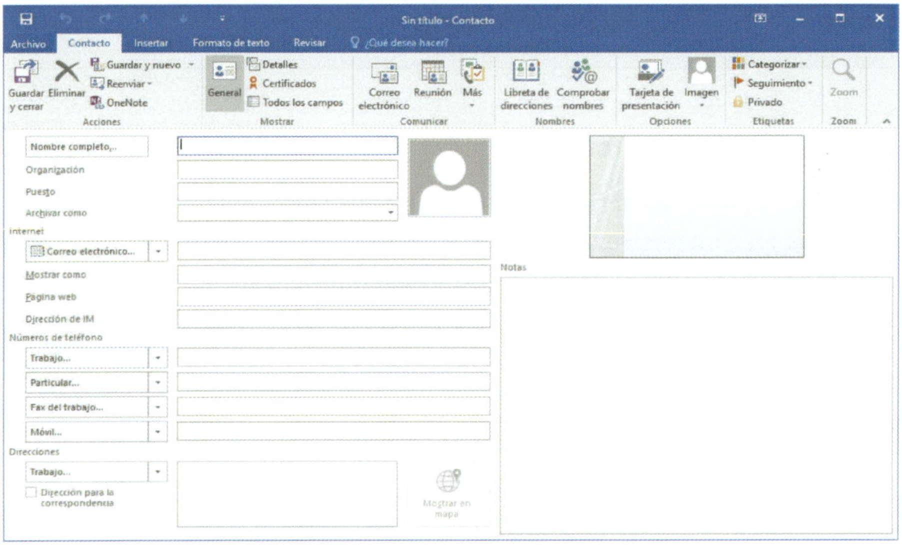

3. Escribir el nombre de la persona que se desea agregar en el cuadro **Nombre completo**.
4. En **Correo electrónico**, escribir la dirección de correo electrónico del contacto.
5. En la lista de entradas **Números de teléfono**, pueden agregarse números de teléfono del trabajo y particulares, números de fax del trabajo y números de teléfono móvil.
6. Si se desea, se puede agregar una **Dirección** y una **Fotografía** al contacto.

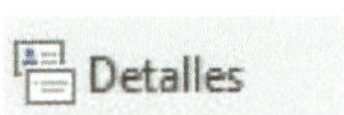

7. Se puede agregar otra información, como cumpleaños, puestos de trabajo y títulos en **Detalles**, dentro del grupo **Mostrar**.

8. Hacer clic en **Guardar y cerrar** en la parte superior izquierda para terminar.

Tareas

Las tareas en Outlook, permiten llevar una lista de tareas o actividades pendientes, de una forma personalizada y mejorada con avisos y seguimientos.

Para crear una tarea hay que realizar lo siguiente:

1. Hacer clic en **Tareas**, en la parte inferior de la ventana.

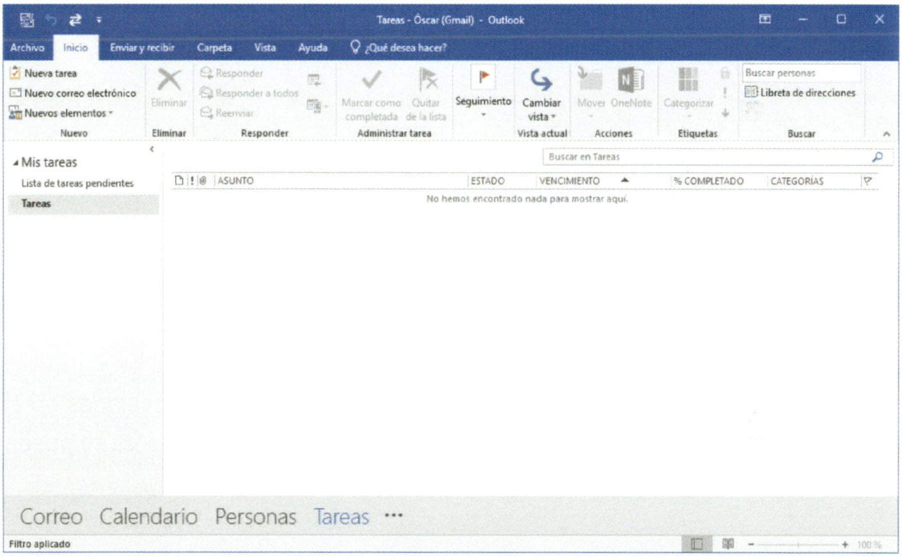

2. La pantalla nos mostrará un aspecto como el que se puede ver en la imagen superior.

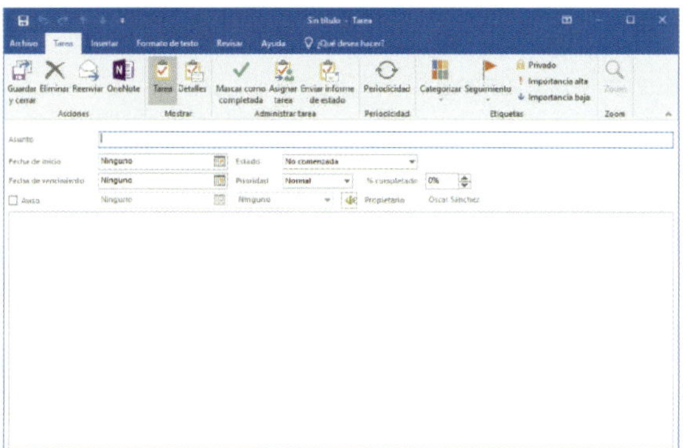

3. Hacer clic en el botón **Nueva tarea** ubicado en la parte superior izquierda, mostrándose la ventana para dar de alta una tarea nueva.

4. Cumplimentar todos los datos que consideres necesarios. Si se desea que Outlook avise en una fecha determinada, se tendrá que marcar la opción **Aviso** y establecer la fecha y hora en la que se desea que avise.

   Una vez que se haya finalizado habrá que pulsar en **Guardar y cerrar**, situado en la parte superior izquierda.

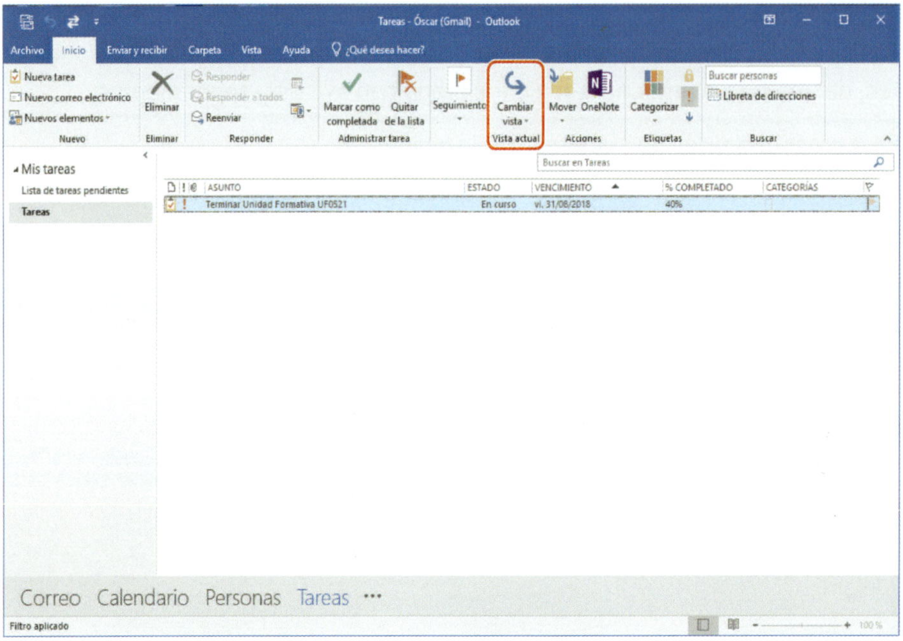

5. A la hora de visualizar las tareas, se dispone de una serie de opciones en el botón **Cambiar vista**, en la ficha **Inicio**. En la imagen de la izquierda se puede ver la vista de tareas *Activas*.

Notas

Las notas en Outlook permiten la escritura en pantalla de recados, mensajes, etc., simulando lo que en una oficina se realiza a través de los papeles de colores denominados Post-it.

Para crear una nota hay que realizar lo siguiente:

- Hacer clic en **Notas**, en la parte inferior de la ventana. Si no se visualiza el icono, pulsa sobre los ...

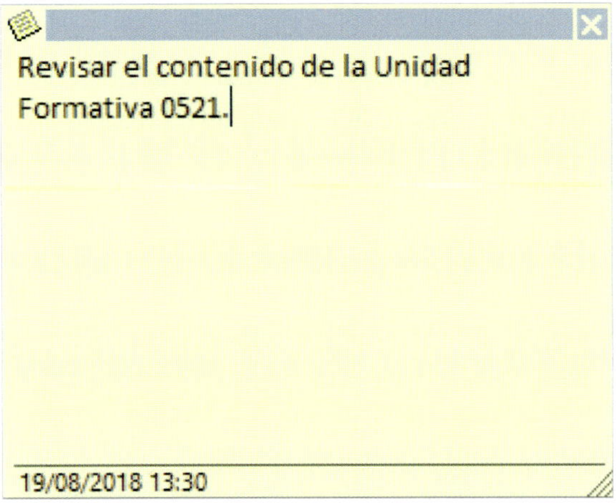

- Hacer clic en el botón **Nueva nota** ubicado en la parte superior izquierda, mostrándose la ventana para dar de alta una nota nueva.

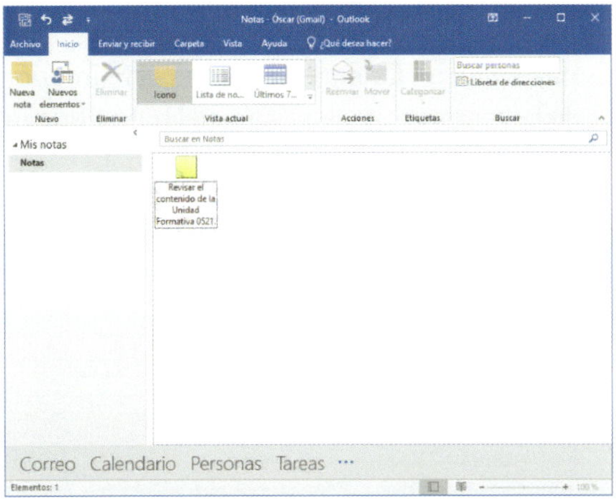

- Una vez que se haya escrito lo que se desee, habrá que pinchar sobre el aspa situada en la esquina superior derecha para cerrarla, mostrándose en la ventana de Outlook la nota introducida, tal y como se puede ver en la imagen de la izquierda.

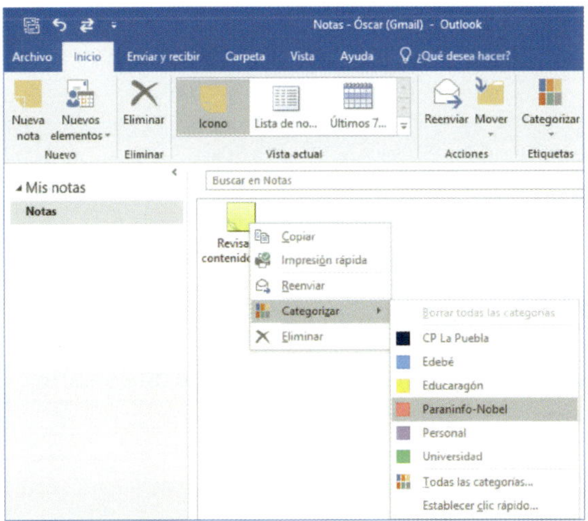

- Al pinchar con el botón derecho del ratón en la nota, se podrá **Clasificar** la misma, seleccionando alguno de los colores que están disponibles.

Calendario

El calendario de Outlook es una de sus herramientas principales, ya que con él se pueden programar citas, eventos o reuniones en un periodo de tiempo y fecha determinados.

Citas

Las citas son generalmente actividades que se desarrollaran en un periodo de tiempo relativamente corto, y que no implican invitar a otras personas para su realización. Puedes programar las citas que necesites por día, semana o mes y visualizarlas de la misma manera.

Para programar una cita hay que realizar lo siguiente:

1. Hacer clic en **Calendario**, en la parte inferior de la ventana, y pulsar sobre el botón **Nueva cita**.

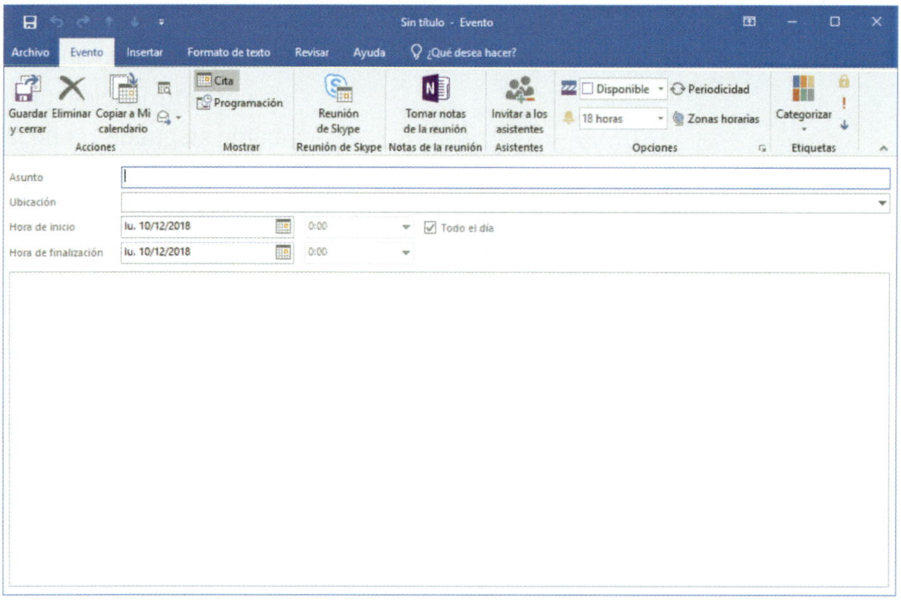

2. La ventana mostrada indica que se programará una **Cita**, por lo que solamente nos quedará por cumplimentar los datos deseados.

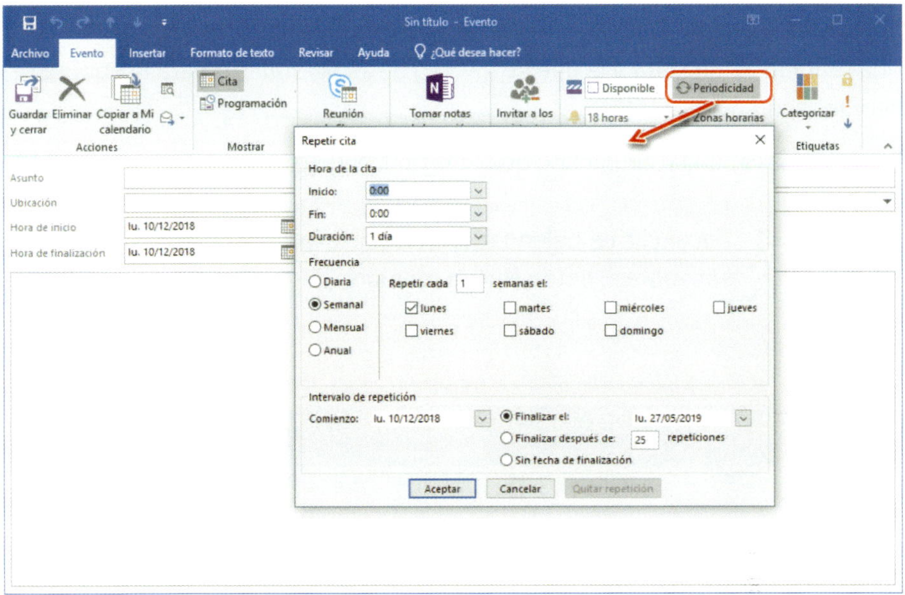

3. Si la cita se repite varias veces en el calendario, se puede utilizar la opción **Periodicidad** para indicar esta circunstancia.
4. Cuando se haya finalizado, se deberá presionar sobre el botón **Guardar y cerrar**.

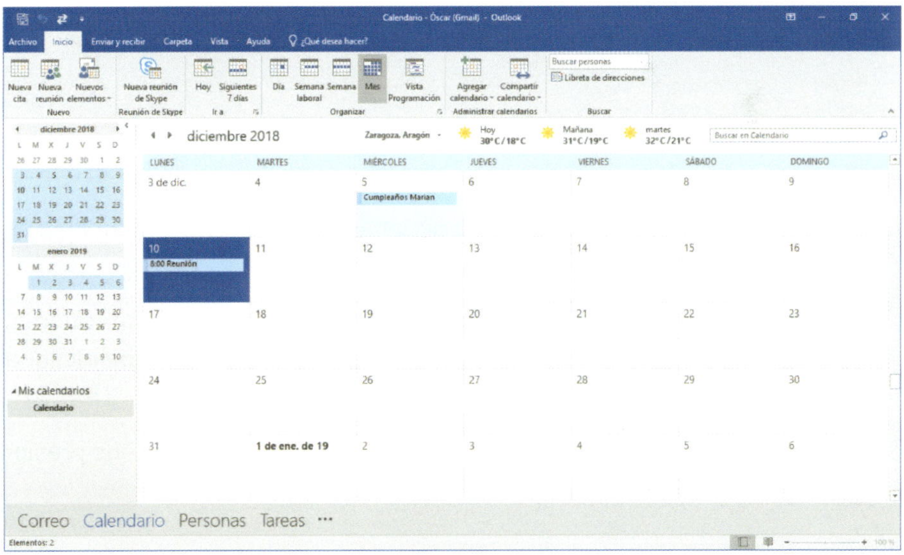

5. La cita que se haya programado aparecerá en el calendario tal y como se puede ver en la imagen de la izquierda.

Reuniones

Una reunión es una cita a la que se invita a otras personas o para la cual se reservan recursos.

Para programar una reunión hay que realizar lo siguiente:

1. Hacer clic en **Calendario**, en la parte inferior de la ventana, y pulsar sobre el botón **Nueva reunión**.

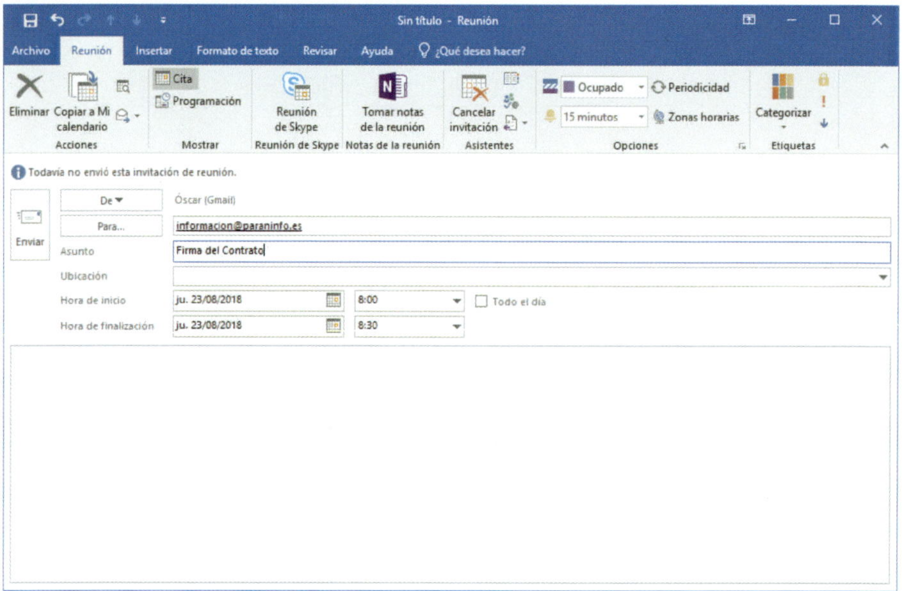

2. La ventana mostrada indica que se programará una Reunión, y solamente se necesita cumplimentar los datos solicitados.

   Como se puede observar, a diferencia de las programaciones anteriores, en la reunión solicita direcciones de correo electrónico para poder invitar a otras personas.

3. Una vez que se haya terminado de cumplimentar los datos, hay que presionar sobre el botón **Enviar**.

Se debe tener en cuenta que cuando se añade cualquiera de las acciones mencionadas anteriormente (citas o reuniones) se puede establecer o modificar algunas propiedades como: programación, periodicidad, aviso, clasificación, etc.

3.3. Procesador de texto: Word 2016

Un procesador de texto es un programa que permite realizar todo tipo de documentos escritos a los que se les puede aplicar una serie de funciones y efectos, con el fin de obtener un documento atractivo y preciso y, todo ello, de una manera sencilla y fácil de usar.

Las entidades lo utilizan para editar, guardar e imprimir documentos que pueden contener texto, imágenes, gráficos y otros objetos que, en muchos casos, ofrece la propia aplicación.

Hay muchos procesadores de texto en el mercado, pudiéndose presentar como aplicaciones independientes o paquetes integrados.

Entre todos, se pueden destacar: Wordpad, Wordperfect, Office Writer y Microsoft Word.

Vamos a estudiar Word por ser el que utilizan la mayoría de las organizaciones, ocupándonos de la versión 2016.

3.3.1. Funciones de un procesador de texto

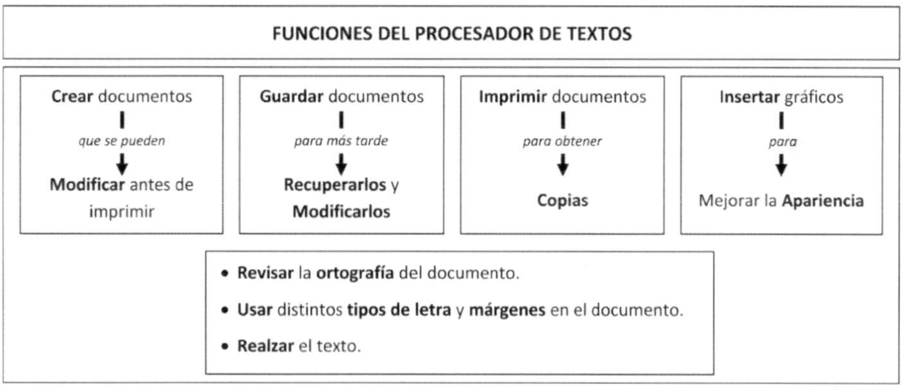

Las funciones básicas de un procesador de texto son las que puedes ver en la siguiente figura.

3.3.2. Estructura de un procesador de texto

Para poder abrir la aplicación, deberemos hacer clic en **Botón Inicio>Word**.

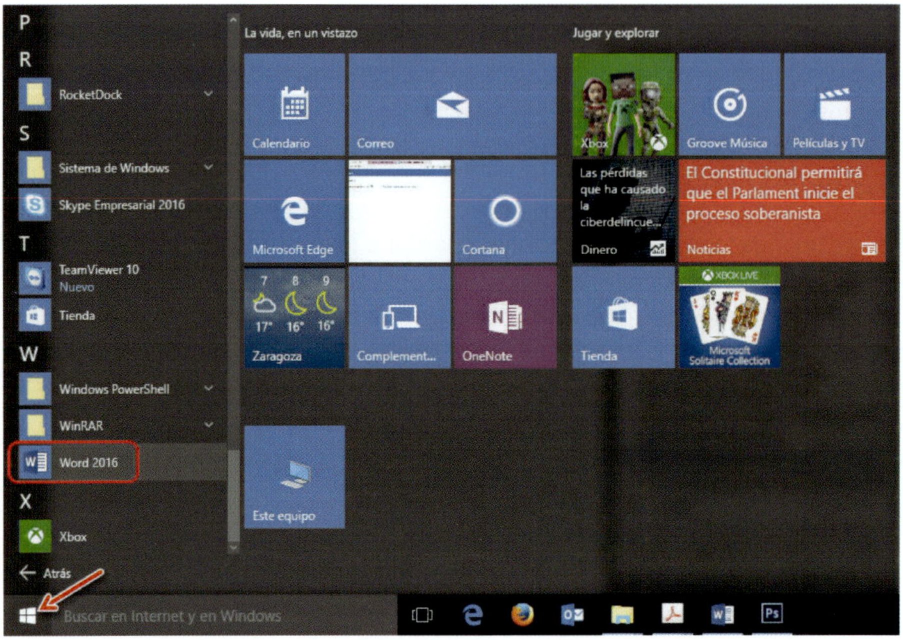

La estructura de Microsoft Word responde, básicamente, a la de cualquier aplicación informática. En la siguiente imagen se muestran los componentes de este programa.

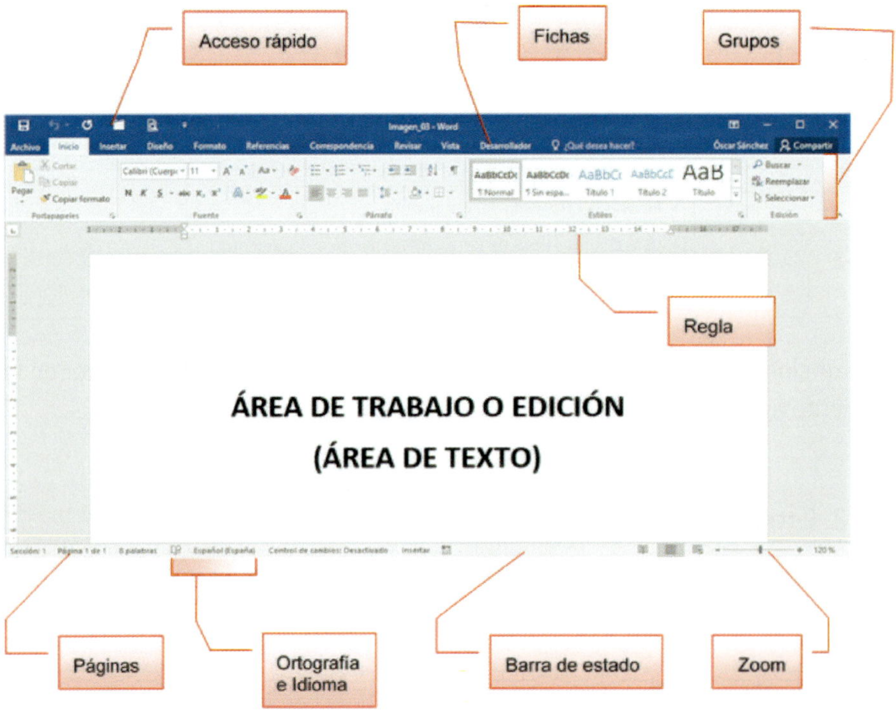

3.3.3. Gestión de documentos

Varias son las opciones de las que dispone Word para gestionar los documentos que se realizan. Vamos a ver cuáles son las más impotantes.

Vistas, marcas y zoom

Las aplicaciones de procesamiento de textos disponen de diversas opciones de visualización para adaptarse a nuestras necesidades e intereses: quizá queramos visualizar el documento tal como se va a imprimir, o quizá tengamos una pantalla pequeña en la que lo interesante sea que el texto que estamos editando ocupe el mayor espacio posible; también puede que necesitemos una escala de visualización o Zoommayor o menor según el tamaño de nuestra pantalla y el estado de nuestra vista.

En Word 2016, desde la Ficha Vista disponemos de una serie de opciones que nos permitirán ajustar el tipo de visualización a nuestras necesidades. Tenemos, en primer lugar, de varias Vistas de documento; las principales de ellas son:

- "Diseño de impresión": es adecuada para el trabajo con el documento (elaboración de texto, aplicación de formato, inserción de imágenes, tablas, etc.).
- "Lectura de pantalla completa": el documento pasa a ocupar toda la pantalla del ordenador, con lo que es óptima cuando queremos leer el documento disponiendo del máximo espacio para ello.

En el grupo de botones **Mostrar** podemos seleccionar, entre otras cosas, si queremos visualizar las *Reglas* (arriba y a la izquierda de la página) o las *Miniaturas* de las páginas. Por último, con los botones de zoom especificaremos la escala de visualización del documento; se puede modificar dicha escala mediante el control situado en la esquina inferior derecha o bien manipulando la rueda de desplazamiento del ratón mientras mantenemos pulsada la tecla *Ctrl*.

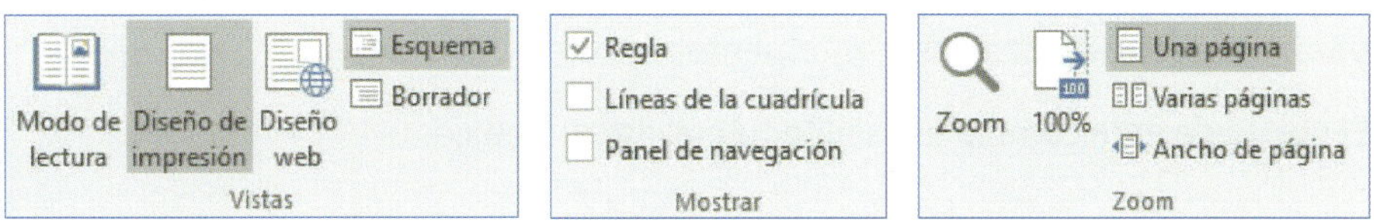

Relacionada con la vista de un documento está la herramienta **mostrar u ocultar** ¶ que permite visualizar en el documento las marcas de formato o texto oculto. Es una opción incómoda para trabajar, pero resulta necesaria a veces, sobre todo cuando se necesita eliminar alguna marca que no se ve. Desde luego, no es recomendable mostrar las marcas cuando son innecesarias, el documento resulta poco claro.

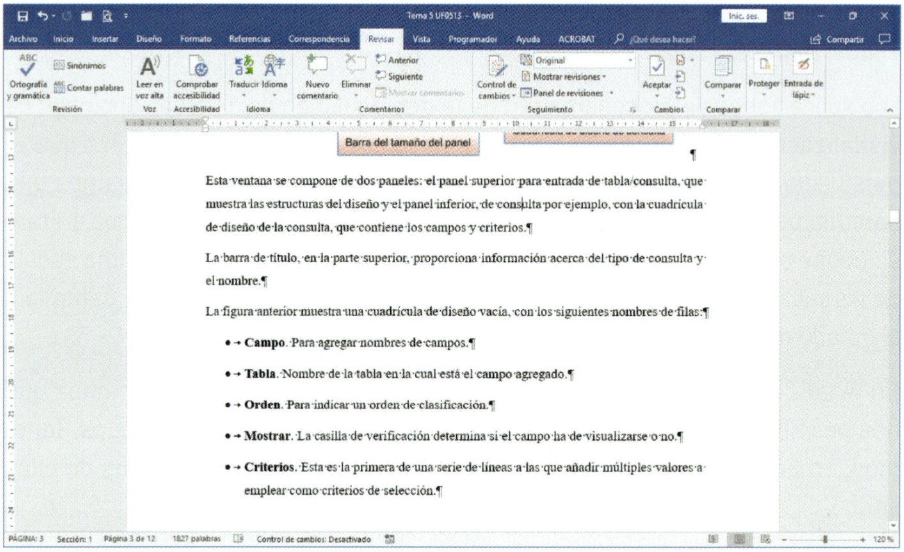

Cinta de opciones

Al abrir Word 2016 por primera vez es posible que sorprenda su nuevo aspecto. La mayoría de los cambios se encuentran en la cinta de opciones, el área que se extiende por la parte superior de Word, tal y como puede verse en la siguiente imagen.

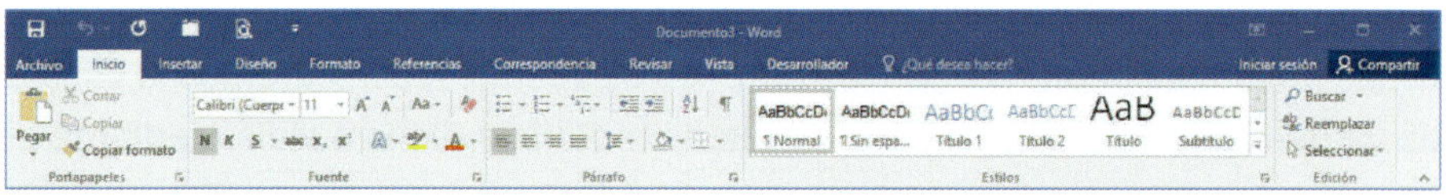

La cinta de opciones presenta los comandos más populares en primer plano, de modo que no se necesita ir en su búsqueda en distintas partes del programa para tareas que realiza constantemente.

El objeto de este cambio es facilitar y agilizar el trabajo.

Existen cuatro componentes básicos en la cinta de opciones. Es conveniente saber cómo se llaman para entender cómo se utilizan (figura inferior):

- **Fichas**. Hay nueve fichas básicas en la parte superior. Cada una representa un área de actividad.
- **Grupos**. Cada ficha contiene varios grupos que contienen elementos relacionados.
- **Comandos**. Un comando es un botón, un cuadro en el que se escribe información o un menú.
- **Usuario**. Usuario de la cuenta Microsoft utilizada para acceder a servicios como Outlook.com, OneDrive, Windows Phone o Xbox LIVE.

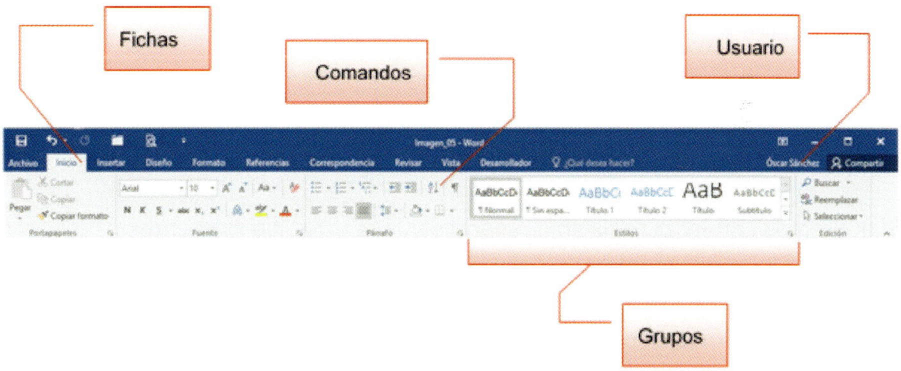

A primera vista, es posible que no se vea un comando determinado de una versión anterior de Word.

¡Tranquilo! Algunos grupos tienen una pequeña flecha diagonal en la esquina inferior derecha.

La flecha se llama **Iniciador de cuadros de diálogo** . Si haces clic en ella, podrás ver más opciones relacionadas con este grupo.

Debes tener en cuenta que algunas fichas solo aparecen cuando se necesitan, como es el caso de las tablas, de las imágenes, del encabezado/pie de página...

Algunos comandos de formato son tan útiles que nos puede convenir tenerlos disponibles siempre, independientemente de lo que esté haciendo. En la siguiente figura se puede observar el funcionamiento de la **Minibarra de Herramientas**.

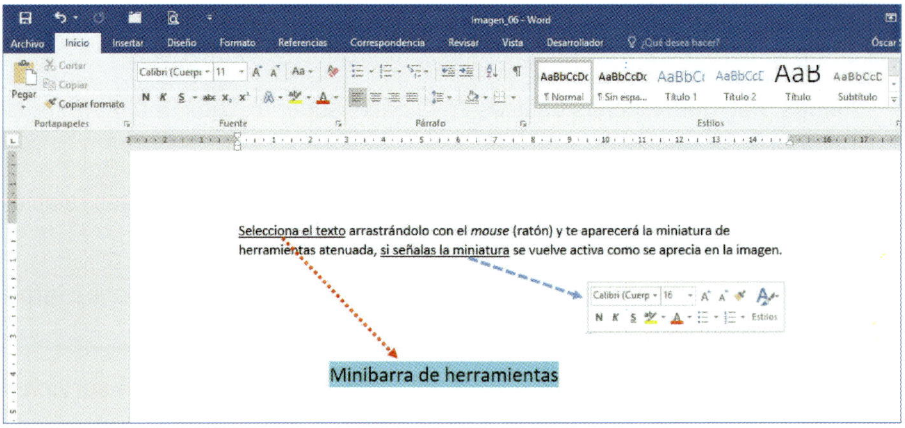

Regla

Con la regla se puede cambiar la sangría de los párrafos, ajustar los márgenes, cambiar el ancho de las columnas de texto y tabla.

Si queremos activar la regla solo tenemos que realizar los siguientes pasos:

1. Pincha en la Ficha **Vista**.
2. En el Grupo **Mostrar** pincha sobre la casilla **Regla**.
3. Podrás ver en pantalla que te ha aparecido la regla en la parte superior del documento.

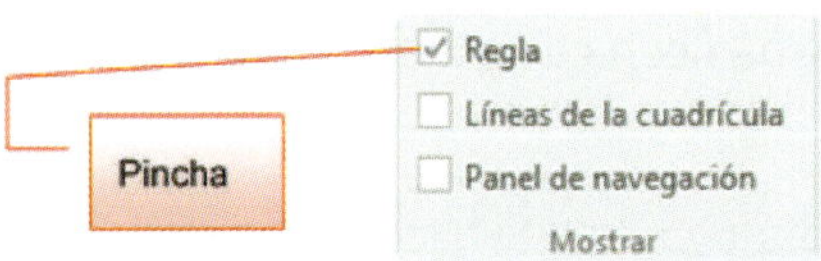

Barra de estado

La barra de estado nos informa sobre el documento que estamos editando, tal como el número de palabras o la página en la que nos encontramos, un control para seleccionar los modos de visualización del documento y un control de zoom para seleccionar el grado de ampliación al que deseemos visualizarlo.

Esta barra de estado es configurable por el usuario, de tal forma que si se hace clic con el botón derecho del ratón encima de ella, se abre un cuadro de diálogo en el que podremos seleccionar qué componentes queremos visualizar en la misma.

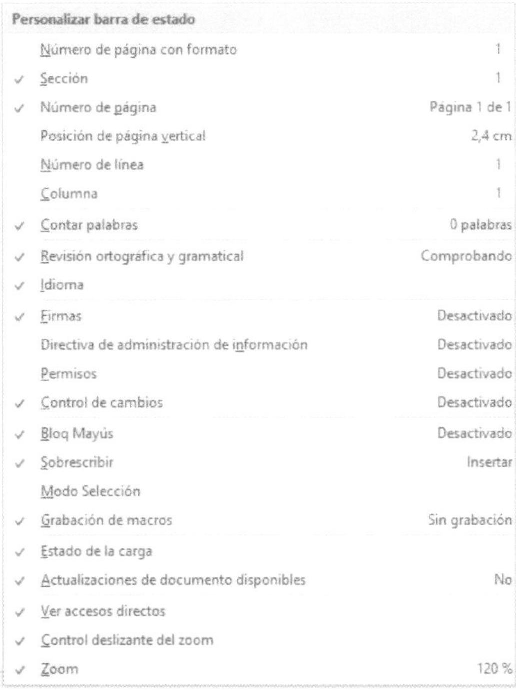

3.3.4. Aplicación de formato a documentos

Antes de introducir texto en un documento es importante tener en cuenta el formato que se desea aplicar al trabajo a realizar. Así, en la mayoría de las ocasiones, habrá que definir: tipo y tamaño de letra a utilizar, márgenes del documento, interlineado, etc.

Formato de Letra (Fuente)

Con el formato de carácter controlamos la presentación de los caracteres del documento. Para modificar el formato de carácter disponemos de dos métodos:

1. Activar un formato determinado, escribir el texto que deseamos poner en ese estilo y luego desactivarlo para seguir escribiendo en el formato de partida. Por ejemplo, activaremos la negrita, escribiremos el texto que queremos escribir en ella y luego lo desactivaremos.
2. Una vez escrito el texto, podemos seleccionar el fragmento deseado y aplicarle el formato de carácter que deseemos.

Para modificar el formato de carácter disponemos en Word 2016 de un conjunto de botones y selectores dispuestos en la ficha **Inicio**, en el grupo **Fuente**. De izquierda a derecha y de arriba hacia abajo, encontramos los siguientes:

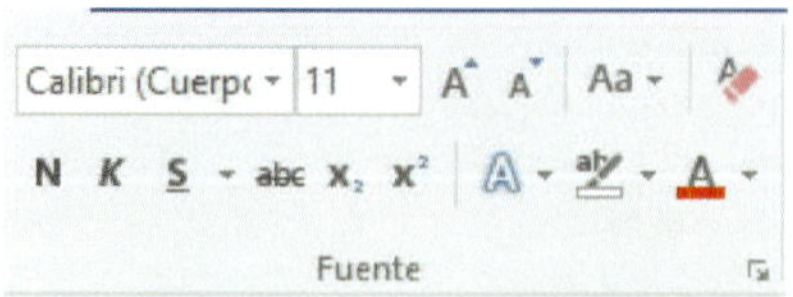

- Selección de tipo de letra (en el ejemplo, está activa la "Calibri (Cuerpo)"). Se puede seleccionar pulsando con el ratón en triángulo situado en la parte derecha del selector. Si situamos el cursor sobre el título de la fuente seleccionada, podemos también escribir directamente el nombre de la fuente que queremos escoger.
- Tamaño de letra (en el ejemplo, está seleccionado un tamaño de 11 puntos). La selección del tamaño es similar a la de la fuente: seleccionamos de entre los tamaños disponibles desplegando el selector o bien escribimos directamente en el cajetín de texto el tamaño en puntos (de 1 a 1638 en incrementos de 0,5 puntos).
- Botones de incrementar y disminuir el tamaño de letra.
- Botón de conversión entre mayúsculas y minúsculas. Mediante estas opciones convertimos el texto seleccionado en minúsculas o mayúsculas.
- Borrar formato elimina el formato del texto seleccionado, dejándolo en el formato establecido por defecto.
- Botones para establecer estilos y efectos: negrita (**N**), cursiva (*K*) y subrayado (S); la flecha a la derecha del botón de subrayado permite escoger el estilo de subrayado.
- Botones de tachado, subíndice y superíndice.
- Efectos de texto y tipografía. Permite, entre otras cosas, dar al texto un toque especial, aplicándole un efecto de texto, como sombra o iluminado.
- Color de resaltado y color de fuente. Al pulsar la flecha en la parte derecha de los botones se nos abre un cuadro con varias muestras de color. En el color de fuente, se puede seleccionar la opción "Más colores" para seleccionar uno entre toda la paleta.

Si pulsamos en la flechita situada en la esquina inferior derecha del grupo abrimos el cuadro de diálogo "Fuente", en el que podemos modificar todos los parámetros del formato de carácter.

Tal y como hemos indicado anteriormente, cuando se selecciona un texto aparece un pequeño cuadro emergente (minibarra de herramientas) en el que podemos modificar las características de formato más comunes para el texto seleccionado.

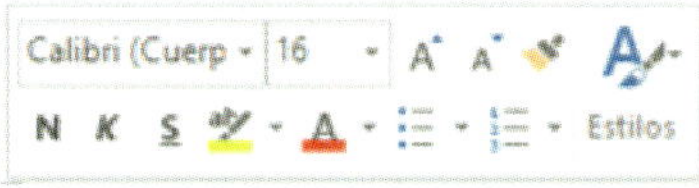

Las funciones más habituales del formato de carácter poseen sus correspondientes accesos rápidos de teclado:

Tecla	Operación
Ctrl + May. + F	Fuente (tipo de letra)
Ctrl + N	Negrita
Ctrl + K	Cursiva
Ctrl + S	Subrayado
Ctrl + May. + M	Fuente (tamaño)
Ctrl + "+"	Superíndice
Ctrl + May. + O	Subíndice
Ctrl + May. + L	Versalita

Si queremos ver todas las opciones, pulsamos sobre el Iniciador de cuadros de diálogo y se nos muestra la imagen que puedes visualizar en la siguiente figura.

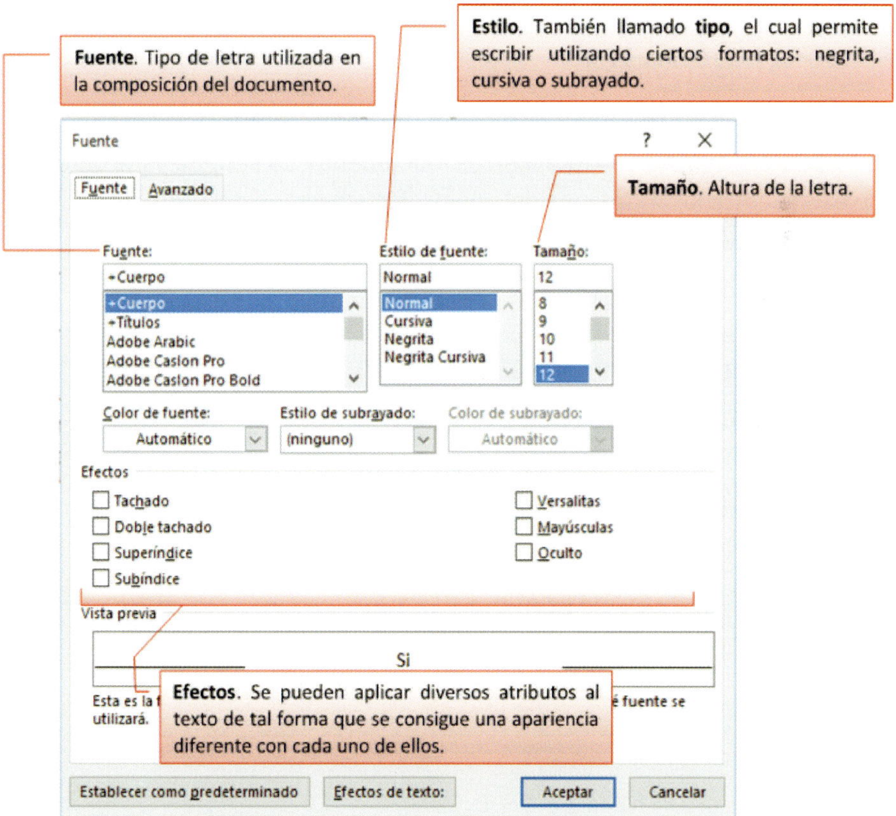

En la siguiente figura se puede observar una imagen en la que se han aplicado diferentes atributos de la fuente.

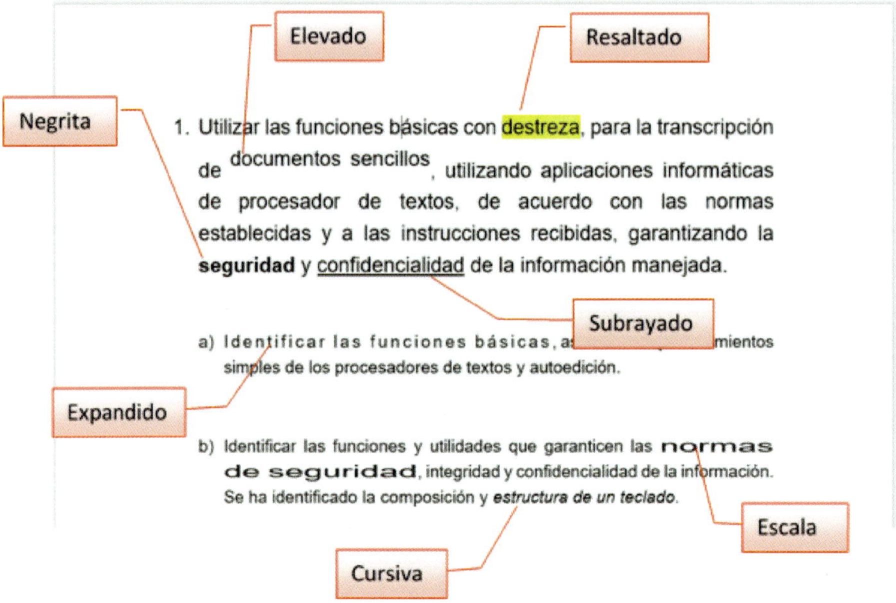

Formato de Línea (Párrafo).

El formato de línea (llamado comúnmente **Sangría**) se puede aplicar a cada línea, párrafo, página o a la totalidad del documento. La sangría es la distancia que existe entre los márgenes del papel y los extremos del párrafo. Se distinguen varios tipos de sangría:

- La **sangría de primera línea** es la separación entre el extremo izquierdo de la primera línea del párrafo y el margen.

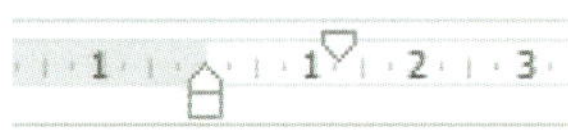

- La **sangría francesa** es la separación de todas las líneas exceptuando la primera.

- La **sangría izquierda** es la separación izquierda de todas las líneas del párrafo.

- La **sangría derecha** es la separación derecha con todas las líneas del párrafo.

En la siguiente imagen se muestra un ejemplo de cada uno de ellos.

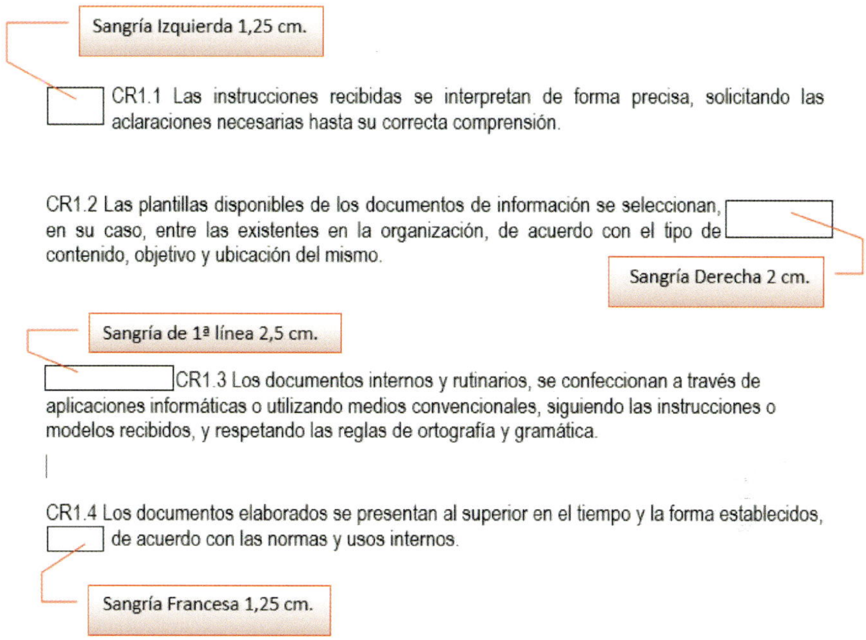

Formato de Párrafo (Párrafo)

Con el formato de párrafo controlamos la presentación de los párrafos del documento. Recordemos que un párrafo finaliza cuando introducimos una marca de *Fin de párrafo*, habitualmente pulsando la tecla *Enter*. Con el formato de párrafo podemos controlar, entre otros elementos:

- **Alineación del párrafo** . Un párrafo puede estar *alineado a la izquierda* (o "en bandera", como se dice comúnmente en la jerga del diseño gráfico), *centrado*, *alineado a la derecha* o *justificado*. En un párrafo justificado, todas las líneas están alineadas a la izquierda y a la derecha. El procesador de textos logra este efecto estirando y encogiendo en la medida necesaria los espacios entre las palabras.
- **Sangrado de párrafo.** Ya se ha explicado anteriormente esta opción.
- **Espaciado entre párrafos.** A los párrafos puede aplicárseles una separación algo mayor que la que hay entre las líneas que componen cada párrafo; ello facilita su lectura y permite visualizar rápidamente su comienzo y su final.

- **Interlineado**. El interlineado es la separación vertical entre las líneas que componen un párrafo o, más precisamente, entre las líneas base. Suelen emplearse tres tipos de interlineado: simple, doble y de espacio y medio.

En la siguiente imagen se pueden observar todos los conceptos explicados anteriormente.

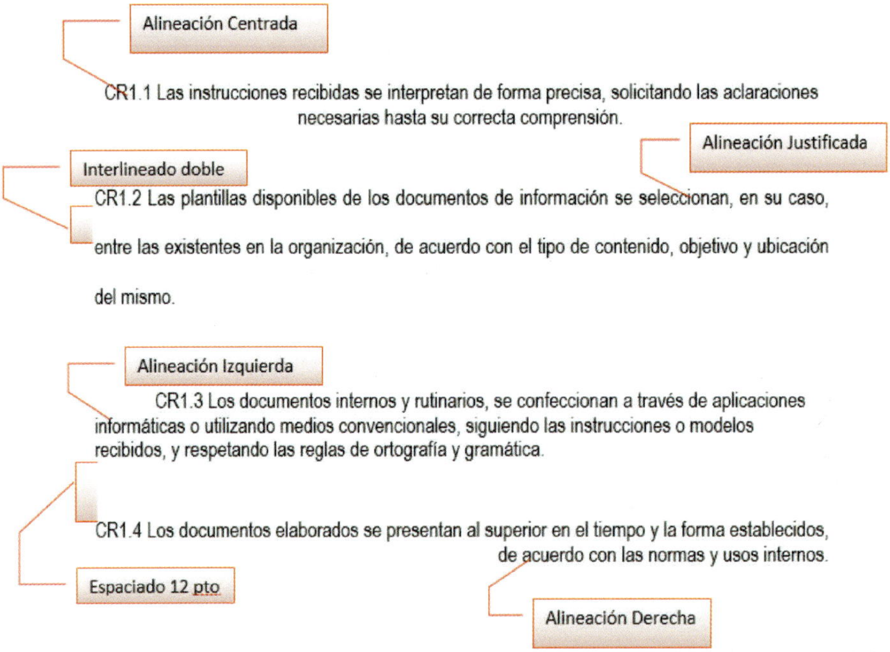

En la ficha **Diseño** disponemos también del grupo **Párrafo** con una serie de funciones para modificar los parámetros del formato de párrafo. Mediante estos controles especificaremos las sangrías izquierda y derecha del párrafo y el espaciado vertical entre unos párrafos y otros (el espacio antes del párrafo y el espacio después del mismo).

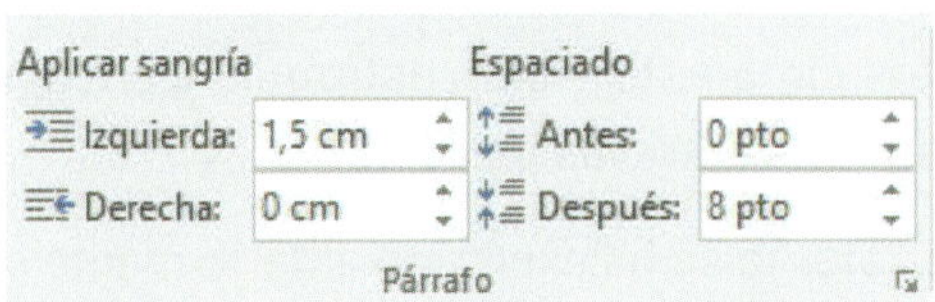

Con la flechita ubicada en la esquina inferior derecha del grupo de botones de Párrafo accedemos al cuadro de diálogo Párrafo, con el que podemos establecer de modo preciso todas las opciones antes mencionadas.

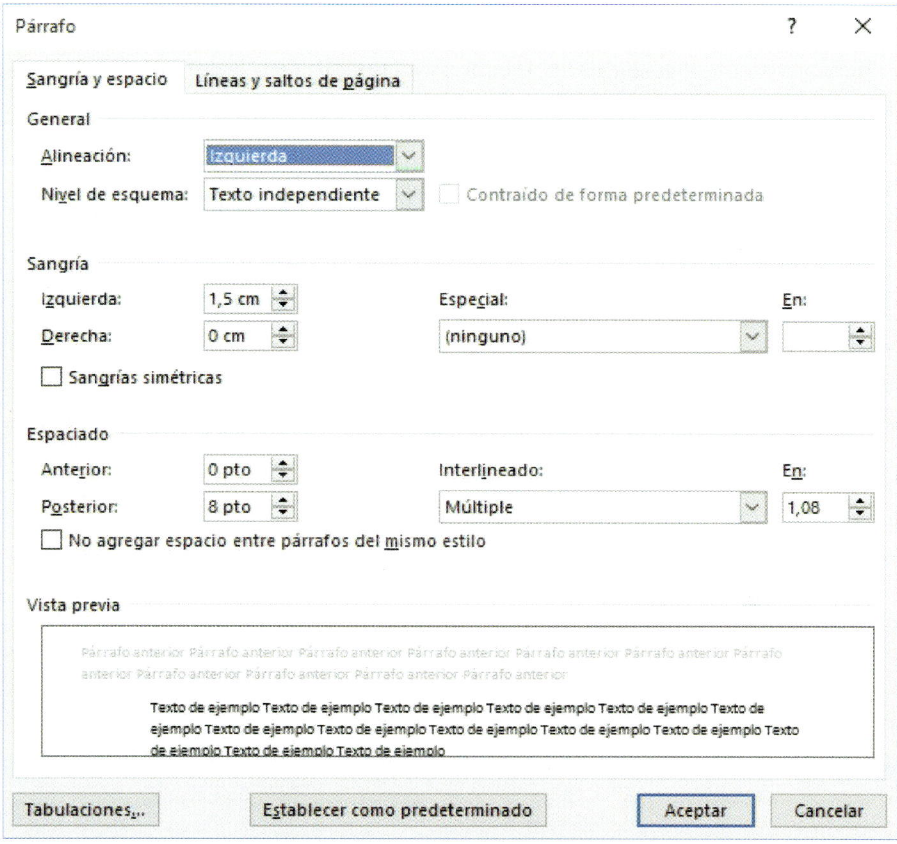

Word dispone asimismo de una serie de atajos de teclado para las funciones más comunes del formato de párrafo:

Tecla	Operación
Ctrl + T	Centrar
Ctrl + Q	Alinear a la izquierda
Ctrl + D	Alinear a la derecha
Ctrl + J	Justificar
Ctrl + 1	Interlineado sencillo
Ctrl + 2	Interlineado doble
Ctrl + 5	Interlineado a 1,5 líneas
Tabulador	Inserta sangría de primera línea
Ctrl + F	Inserta sangría francesa
Ctrl + H	Inserta sangría izquierda

Formato de Página

El formato de página se puede aplicar a cada página o a la totalidad del documento, asignando valores a:

- **Tamaño del papel**. Al elegir el tamaño de la página en la se va a escribir el documento, los procesadores de texto suelen tener definido como tamaño el **A4**, que tiene unas medidas de 21 cm. de ancho por 27,9 cm. de alto, aunque pueden ser seleccionados otros tamaños.
- **Márgenes**. Distancia que se deja en blanco entre el texto y los extremos de la página. Los más habituales son: superior, inferior, izquierdo y derecho.
- **Orientación**. A través de esta opción seleccionamos si queremos escribir en vertical o en horizontal (apaisado).

Fíjate en el siguiente cuadro de diálogo, que es el que se utiliza para configurar las opciones de la página.

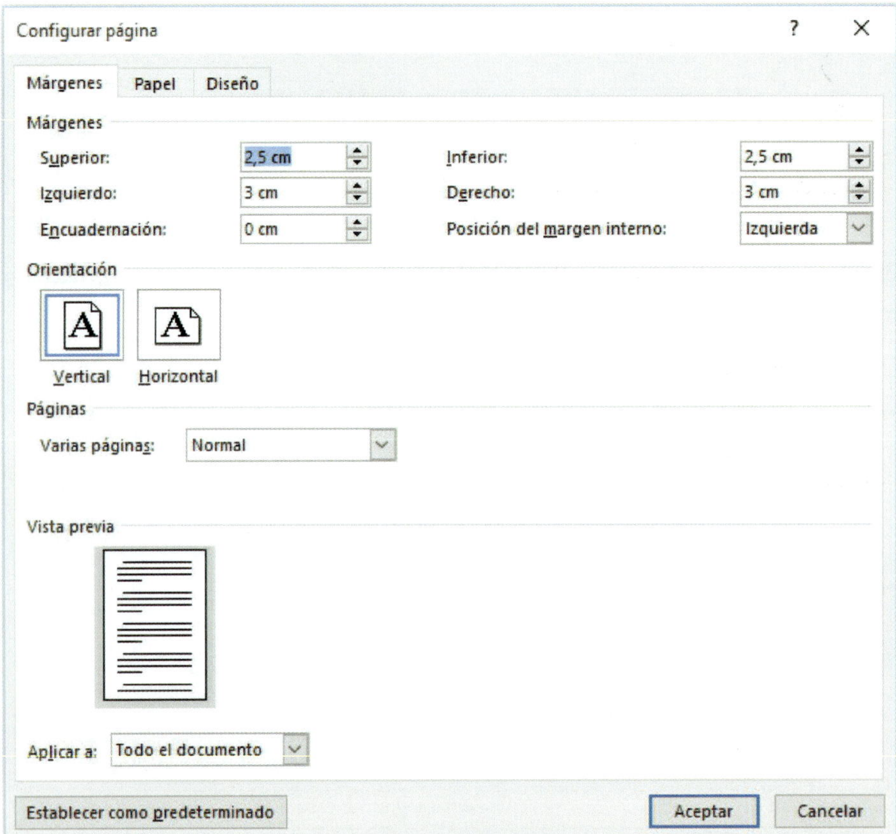

El acceso a este cuadro de diálogo se puede realizar de dos formas:

- Doble clic en la zona gris de la regla.
- Ficha **Formato**, Grupo **Configurar página** y pinchamos en el Iniciador de cuadros de diálogo .

También podemos utilizar la regla para modificar los márgenes, colocándonos en la zona que delimita los márgenes del documento, hacemos clic con el botón izquierdo del ratón y nos desplazamos hacia la derecha o hacia la izquierda dependiendo de si lo queremos hacemos más grande o más pequeño.

3.3.5. Edición de documentos

Desplazamiento del cursor por el documento

Cuando se empieza a trabajar, Word muestra una línea vertical parpadeante en la parte superior del área de trabajo: es el llamado punto de inserción que va indicando el lugar en que se inserta lo que se va escribiendo.

Para mover el punto de inserción para escribir en otro sitio basta con hacer clic con el ratón allí donde se quiera empezar a escribir. Cuando se desplaza el ratón en medio del texto, la flecha se transforma en un cursor con forma de I. También se pueden utilizar las teclas de cursor para desplazar el cursor por el texto.

Seleccionar texto

Para aplicar cualquier modificación sobre un texto hay que indicar a Word sobre qué elemento se quiere que lo haga. Así, para poner una palabra en cursiva hay que mostrarle al programa sobre cuál de ellas se quiere aplicar ese formato. Esto se consigue seleccionando la palabra. Cuando cualquier palabra o frase está seleccionada aparece resaltada con un cambio de fondo, tal y como se aprecia en la siguiente imagen.

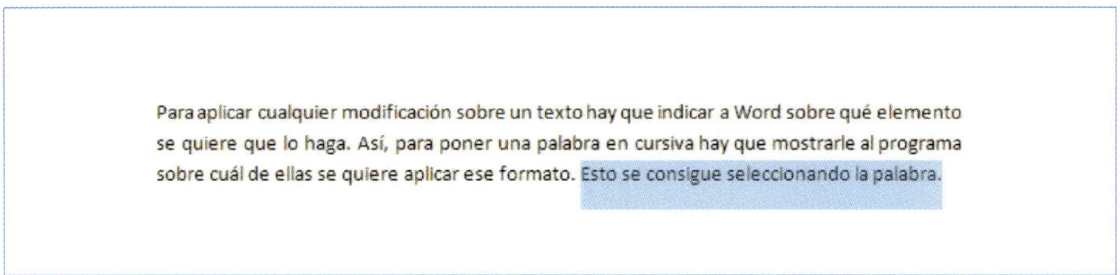
Para aplicar cualquier modificación sobre un texto hay que indicar a Word sobre qué elemento se quiere que lo haga. Así, para poner una palabra en cursiva hay que mostrarle al programa sobre cuál de ellas se quiere aplicar ese formato. Esto se consigue seleccionando la palabra.

A partir de este momento, cualquier comando que se efectúe (borrar, aplicar cursiva, negrita, subrayar, etc.) se aplicará únicamente sobre el texto seleccionado.

Cómo selecciono texto

Imagina que tenemos el siguiente texto escrito:

5. La organización del Estado y sus entidades públicas

- **Órganos y unidades administrativas**

  El Estado satisface nuestras necesidades colectivas a través de sus distintas entidades públicas. Estas se organizan en órganos y unidades administrativas, componiendo así lo que conocemos como Administración Pública.

  Los órganos directivos se organizan en UNIDADES ADMINISTRATIVAS, que son sus elementos organizativos básicos. Estas a su vez se ordenan por orden de jerarquía en divisiones, servicios, áreas, secciones y negociados.

  También pueden existir unidades administrativas complejas, que agrupen dos o más unidades menores.

- **La organización de la Administración Pública**

  La Administración Pública, en función de su campo de actuación, se divide en general, autonómica y local.

  A. La Administración General del Estado

  Es aquella que actúa en todo el territorio español bajo la dirección del Gobierno.

Las propiedades que hemos aplicado son:

- Márgenes: Todos → 2 cm.
- Título: Times New Roman 16 pto, negrita y color azul.
- Subtítulos: Times New Roman 12 pto, negrita y color azul.
- Resto de párrafos: Times New Roman 10 pto.

Queremos seleccionar la palabra “Estado”, ¿qué haríamos?:

- Pinchar con el cursor delante de la palabra y, manteniendo pulsado el botón izquierdo del ratón, arrastrar hasta el final del texto que se quiere seleccionar.

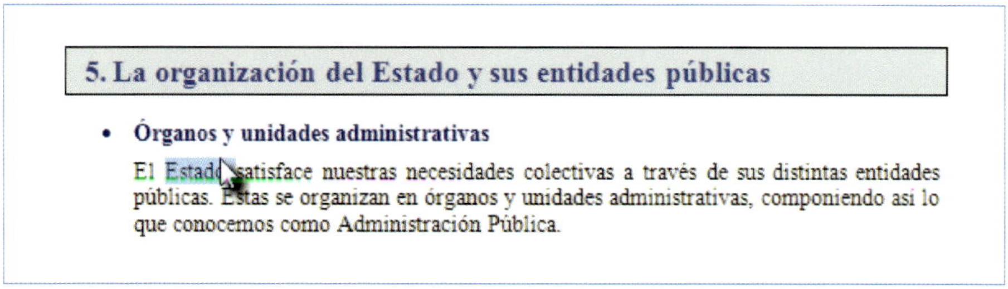

5. La organización del Estado y sus entidades públicas

- **Órganos y unidades administrativas**

  El Estado satisface nuestras necesidades colectivas a través de sus distintas entidades públicas. Éstas se organizan en órganos y unidades administrativas, componiendo así lo que conocemos como Administración Pública.

También podemos hacer doble clic sobre la palabra, y se quedará seleccionada.

Ahora queremos seleccionar todo ese párrafo, ¿cómo lo hacemos?:

La forma más sencilla es hacer tres veces clic encima de él.

Si lo que queremos es seleccionar toda una línea, tenemos que:

- Colocar el punto del ratón a la izquierda de la línea que quieres seleccionar. Después haces clic con el botón izquierdo del ratón.

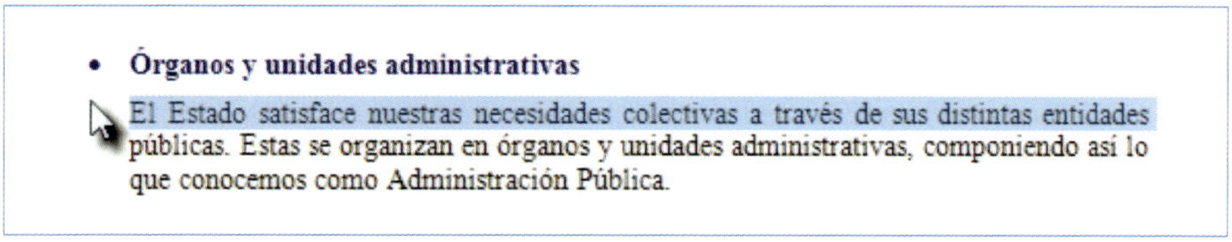

- **Órganos y unidades administrativas**

  El Estado satisface nuestras necesidades colectivas a través de sus distintas entidades públicas. Estas se organizan en órganos y unidades administrativas, componiendo así lo que conocemos como Administración Pública.

Ahora puedes seguir practicando tú con la selección de texto.

Funciones de edición

Las funciones de edici ón aparecen en prácticamente todos los programas. Su utilidad es muy simple: permiten copiar, cortar y pegar trozos de texto, ahorrando así gran trabajo cuando se quieren repetir palabras, frases, o desplazar trozos de texto de un lugar a otro.

- **Copiar.** 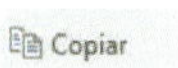

  El primer paso es seleccionar el texto que deseas copiar. (Ya has aprendido a realizar esto en el apartado anterior). Pongamos un ejemplo.

Tienes este texto escrito:

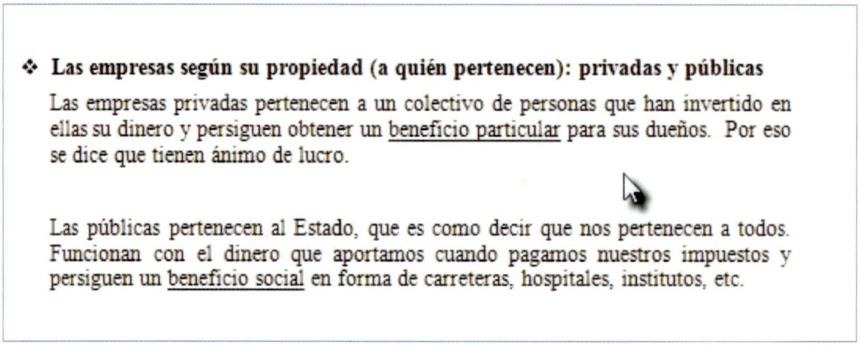

- **Las empresas según su propiedad (a quién pertenecen): privadas y públicas**

  Las empresas privadas pertenecen a un colectivo de personas que han invertido en ellas su dinero y persiguen obtener un beneficio particular para sus dueños. Por eso se dice que tienen ánimo de lucro.

  Las públicas pertenecen al Estado, que es como decir que nos pertenecen a todos. Funcionan con el dinero que aportamos cuando pagamos nuestros impuestos y persiguen un beneficio social en forma de carreteras, hospitales, institutos, etc.

Queremos que el título aparezca en medio de los dos párrafos. Hacemos lo siguiente:

1. Seleccionamos ese párrafo, haciendo tres veces clic con el botón izquierdo en cualquier parte del mismo. (Ya tenemos el párrafo seleccionado).

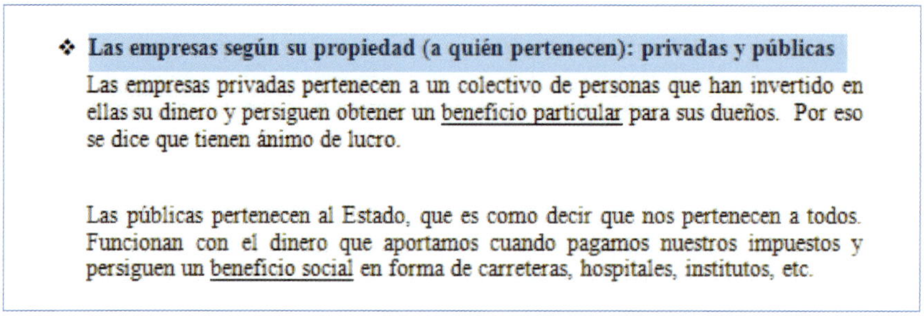

- **Las empresas según su propiedad (a quién pertenecen): privadas y públicas**

  Las empresas privadas pertenecen a un colectivo de personas que han invertido en ellas su dinero y persiguen obtener un beneficio particular para sus dueños. Por eso se dice que tienen ánimo de lucro.

  Las públicas pertenecen al Estado, que es como decir que nos pertenecen a todos. Funcionan con el dinero que aportamos cuando pagamos nuestros impuestos y persiguen un beneficio social en forma de carreteras, hospitales, institutos, etc.

2. Pinchamos sobre el icono **Copiar** 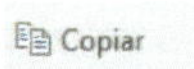

(Grupo **Portapapeles**). Podemos comprobar que este párrafo se mantiene en el mismo sitio.

3. Colocamos el puntero del ratón en el espacio en blanco que hay en medio de los dos párrafos y pulsamos sobre el icono **Pegar** 

.

   Podemos comprobar cómo se ha efectuado una copia de ese párrafo.

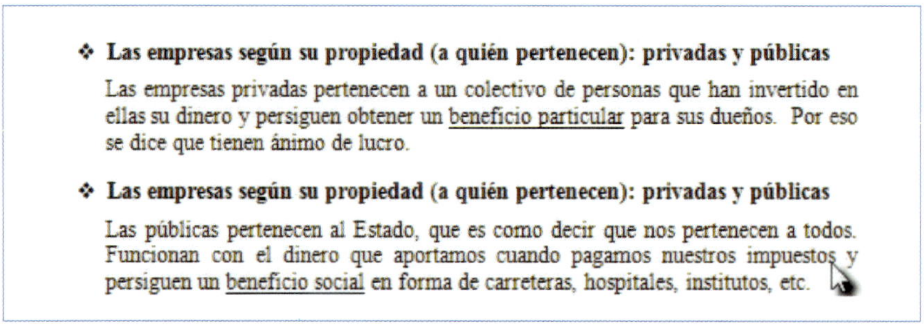

- **Las empresas según su propiedad (a quién pertenecen): privadas y públicas**

  Las empresas privadas pertenecen a un colectivo de personas que han invertido en ellas su dinero y persiguen obtener un beneficio particular para sus dueños. Por eso se dice que tienen ánimo de lucro.

- **Las empresas según su propiedad (a quién pertenecen): privadas y públicas**

  Las públicas pertenecen al Estado, que es como decir que nos pertenecen a todos. Funcionan con el dinero que aportamos cuando pagamos nuestros impuestos y persiguen un beneficio social en forma de carreteras, hospitales, institutos, etc.

- **Cortar.** 

  A diferencia de la opción Copiar, ahora trasladamos el texto de una ubicación a otra.

  Podemos practicar haciendo lo mismo que se ha indicado anteriormente, pero esta vez pulsamos sobre el icono **Cortar**.

  Podemos comprobar que, en este caso, desaparece el carácter, texto, párrafo, etc., de su sitio original para estar en otro lugar.

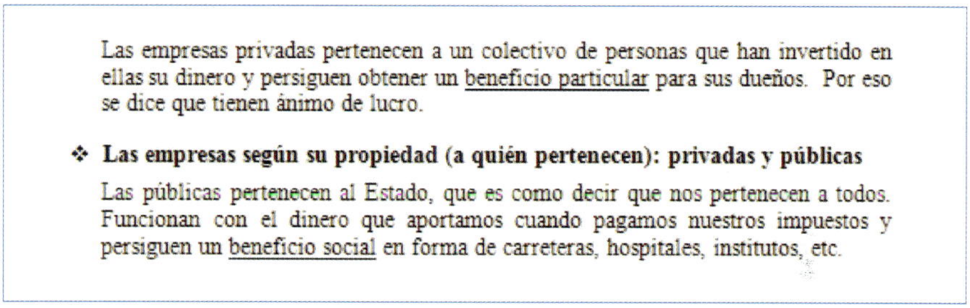
Las empresas privadas pertenecen a un colectivo de personas que han invertido en ellas su dinero y persiguen obtener un beneficio particular para sus dueños. Por eso se dice que tienen ánimo de lucro.

❖ **Las empresas según su propiedad (a quién pertenecen): privadas y públicas**

Las públicas pertenecen al Estado, que es como decir que nos pertenecen a todos. Funcionan con el dinero que aportamos cuando pagamos nuestros impuestos y persiguen un beneficio social en forma de carreteras, hospitales, institutos, etc.

- **Arrastrar.**

  Word permite realizar estas mismas funciones mediante arrastres con el ratón:

  1. Selecciona el texto.
  2. Haz clic sobre la palabra seleccionada y, sin soltar el botón del ratón, arrastrar hasta el lugar en que se quiere dejar el texto. De esta manera conseguimos mover el texto de sitio igual que si hubiéramos utilizado las acciones de cortar y pegar.
  3. Si realizamos lo mismo pero pulsando la tecla *Control*, lo que obtenemos es una copia de elemento como si hubiéramos copiado y pegado.

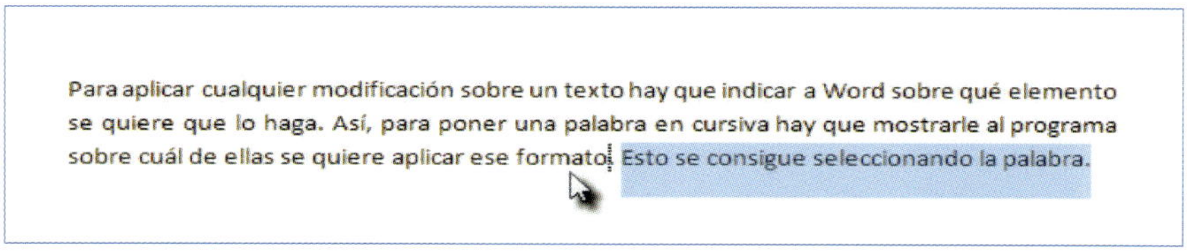
Para aplicar cualquier modificación sobre un texto hay que indicar a Word sobre qué elemento se quiere que lo haga. Así, para poner una palabra en cursiva hay que mostrarle al programa sobre cuál de ellas se quiere aplicar ese formato. Esto se consigue seleccionando la palabra.

Guardar el trabajo

Antes de abandonar un documento deberemos guardar los cambios realizados en el mismo, ya que de no hacerlo habremos perdido el trabajo que hayamos realizado.

Tenemos dos opciones para guardar el documento:

- Pinchar en el icono *Guardar* que está en la barra de herramientas de acceso rápido.
- Pinchar en la ficha **Archivo** y seleccionar la opción *Guardar*.

El documento se guardará con el nombre que ya tenía y en la misma ubicación en la que estuviera. Si es la primera vez que guardamos el documento nos solicitará el nombre y la ubicación.

Si has abierto un documento y deseas guardarlo con otro nombre o en una ubicación diferente en la que se encuentra, se tendrá que utilizar la opción *Guardar como*.

El acceso a este cuadro de diálogo se puede realizar:

- Pulsando la tecla *F12*.
- A través de la ficha **Archivo**, seleccionando la opción *Guardar como*.

En cualquiera de los dos casos nos aparecerá el cuadro de diálogo de la siguiente figura, en el que deberemos especificarle el nuevo nombre y/o la nueva ubicación que queremos darle al archivo.

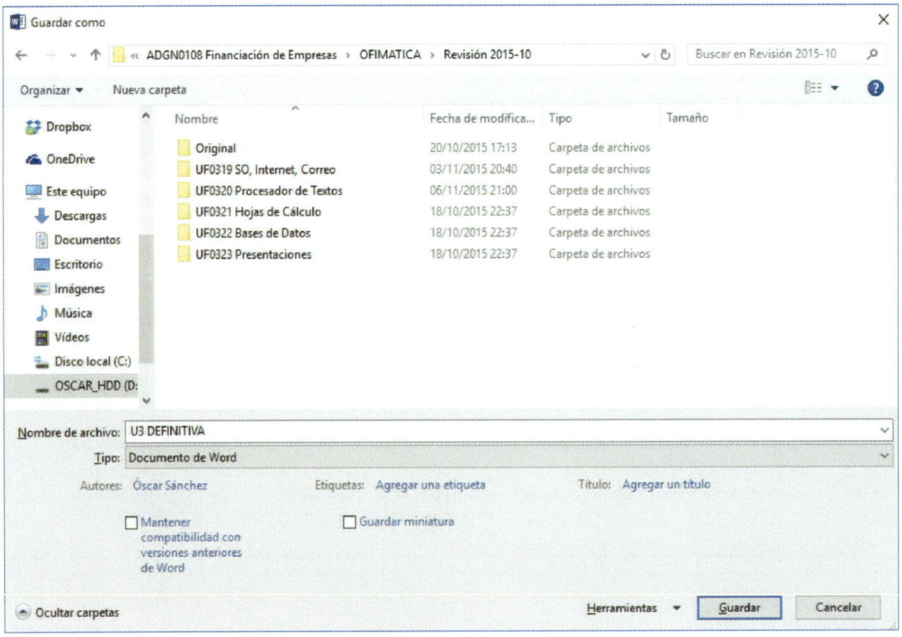

El acceso a esta opción desde la ficha **Archivo** nos permite seleccionar más opciones, tal y como se puede observar en la siguiente imagen.

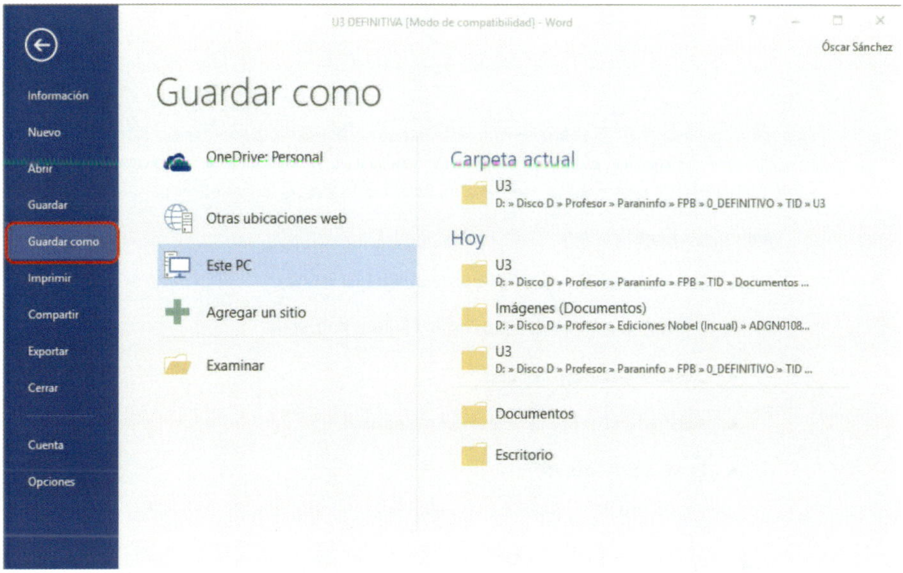

3.3.6. Formato avanzado de documentos

Has de tener en cuenta que son muchas las opciones que están disponibles en los procesadores de texto, por lo que no es posible realizar una explicación detallada de cada una de ellas. A continuación te explicaremos aquellas que utilizarás de una forma habitual en las organizaciones.

Numeración y viñetas

Una lista es un conjunto de elementos cuyo formato proporciona visualmente la idea de una cierta estructura. Las listas pueden ser numeradas o no numeradas, según los elementos lleven algún símbolo que les asigne un orden (números arábigos o romanos, letras mayúsculas o minúsculas, etc.) o lleven un mismo elemento que se repita (un guión, un pequeño círculo o cuadrado, etc.). Cuando se crea una lista numerada, la aplicación asigna automáticamente un número a cada elemento; si insertamos algún nuevo elemento antes de otros ya creados, a todos los que vienen después se les incrementa en una unidad su número de orden.

También es posible encadenar o anidar unas listas dentro de otras, para construir así una lista con varios niveles.

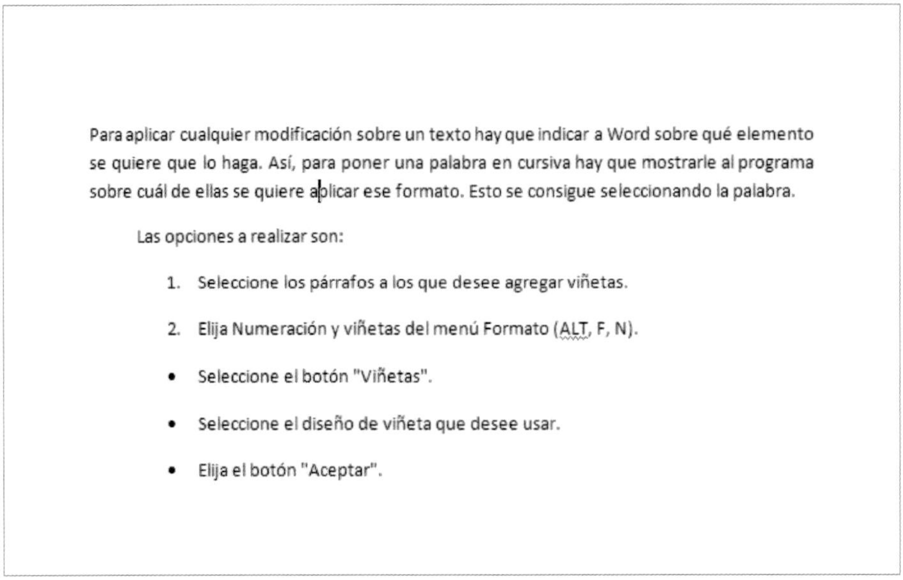

Para aplicar cualquier modificación sobre un texto hay que indicar a Word sobre qué elemento se quiere que lo haga. Así, para poner una palabra en cursiva hay que mostrarle al programa sobre cuál de ellas se quiere aplicar ese formato. Esto se consigue seleccionando la palabra.

Las opciones a realizar son:

1. Seleccione los párrafos a los que desee agregar viñetas.
2. Elija Numeración y viñetas del menú Formato (ALT, F, N).

- Seleccione el botón "Viñetas".
- Seleccione el diseño de viñeta que desee usar.
- Elija el botón "Aceptar".

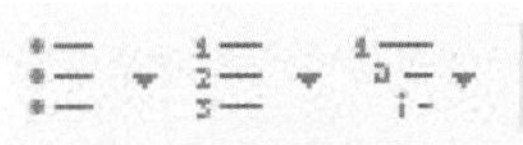

Tres iconos del grupo **Párrafo**, dentro de la ficha **Inicio**, permiten crear listas no numeradas (también denominadas viñetas), listas numeradas (denominadas numeración) y listas de varios niveles. Cada uno de los iconos tiene a su derecha una flechita con la que podemos definir el formato de la lista (tipo de símbolos en las viñetas, tipo de numeración y características del esquema multinivel).

Cuando se establece una lista (numerada o no numerada), al cambiar de párrafo (pulsando Enter) iniciamos un nuevo elemento de lista, que llevará el icono de viñeta o el número o letra que le corresponda. Cuando creamos un nuevo elemento de lista, podemos modificar su nivel de lista pulsando la tecla Tab; con ello haremos que ese elemento comience una lista anidada dentro de la anterior. Si queremos volver a introducir elementos de la lista de orden superior, pulsaremos Mayúsc + Tab.

En el caso de las numeraciones, en ocasiones es preciso reiniciar la numeración o comenzarla en un valor diferente al que le asigna la aplicación. Pulsando con el botón derecho del ratón sobre el número de la lista se despliega un menú como el de la figura con el que podemos efectuar estas y otras operaciones.

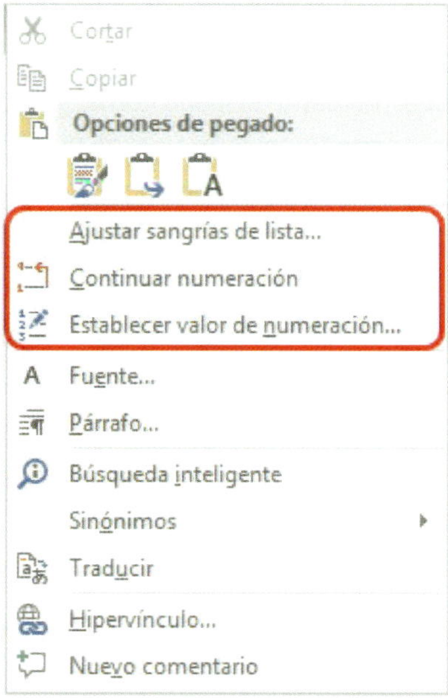

Imágenes, formas y SmartArt

Hoy en día un documento para que sea considerado como bueno debe incluir, siempre que sea posible, dibujos, imágenes o formas, sobre todo si se va a distribuir por Internet.

El Grupo encargado de gestionar estas **Ilustraciones** está ubicado en el Ficha **Insertar**.

- **Imágenes.** Podemos insertar tanto imágenes que se encuentren en el disco duro, o cualquier otro medio de almacenamiento (CD, pendrive) como imágenes de Internet (en línea).

  La primera opción se realiza a través del primer icono de la figura anterior, realizándose la segunda opción con el icono inferior.

- **Formas.** Word 2016 dispone de herramientas que nos permiten realizar nuestros propios gráficos y dibujos. Si no eres muy hábil dibujando con el ratón, no te preocupes, mediante el icono *Formas* dispondrás de multitud de formas listas para usar que te permitirán realizar esquemas, diagramas de flujo y otros muchos gráficos, todos ellos accesibles desde la ficha **Insertar**.

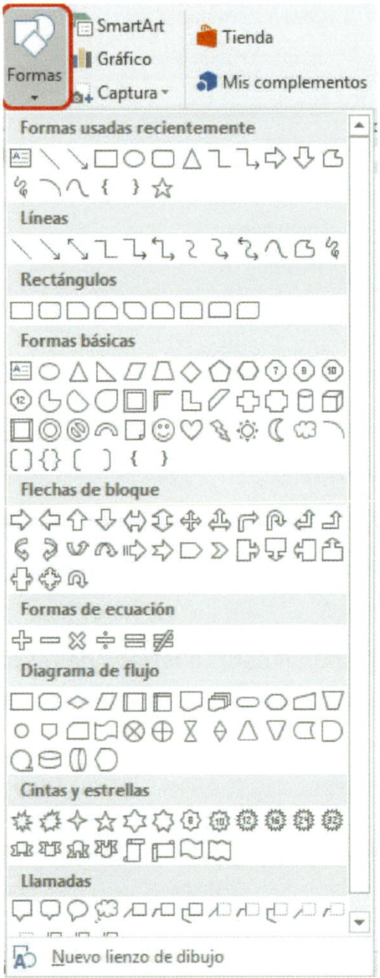

- **SmartArt.** Un gráfico SmartArt no es más que una representación visual de información, pudiéndose crear de forma rápida y fácil eligiendo entre los diferentes diseños. El objeto de estos gráficos es comunicar mensajes o ideas eficazmente.

  Los tipos de gráficos SmartArt que se pueden insertar son muchos y variados, tal y como puedes comprobar en la siguiente imagen.

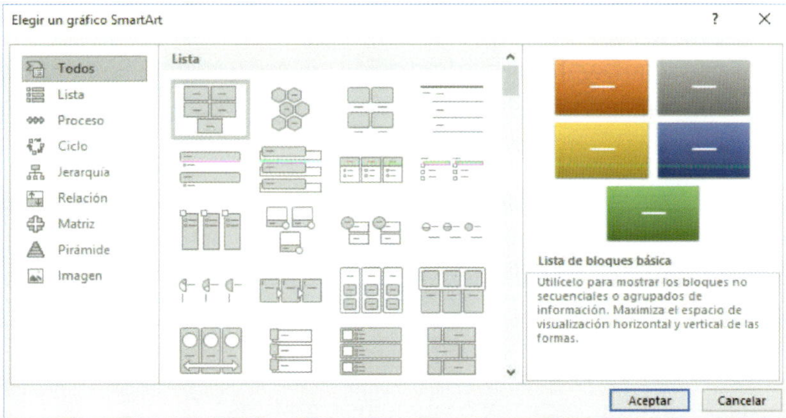

Hay que tener en cuenta que, en función de lo que se quiera representar, es necesario seleccionar un gráfico u otro, no sirviendo todos los gráficos "para todo". De todas formas, ¡no te apures!; al seleccionar uno, en la parte derecha muestra información de para qué se puede utilizar. A modo de ejemplo, a continuación puedes ver unos pocos.

Tipo de Gráfico SmartArt	¿Para qué se utiliza?
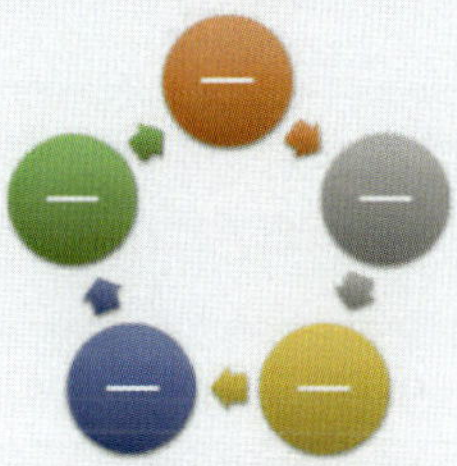 Ciclo básico	Para representar una secuencia continua de fases, tareas o eventos en un flujo circular. Enfatiza las fases o los pasos en lugar de las flechas o el flujo de conexión.
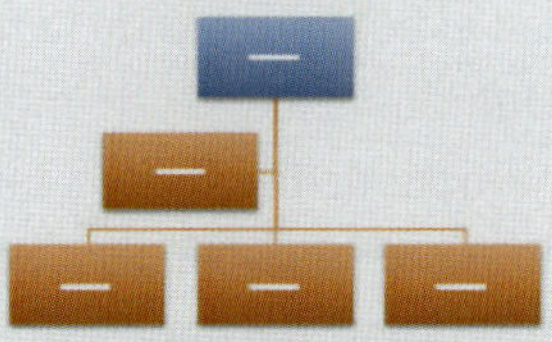 Organigrama	Para mostrar la información jerárquica o para informar de las relaciones en una organización. En el módulo Técnica Administrativas Básicas te enseñarán cómo se trabaja con este tipo de gráfico.
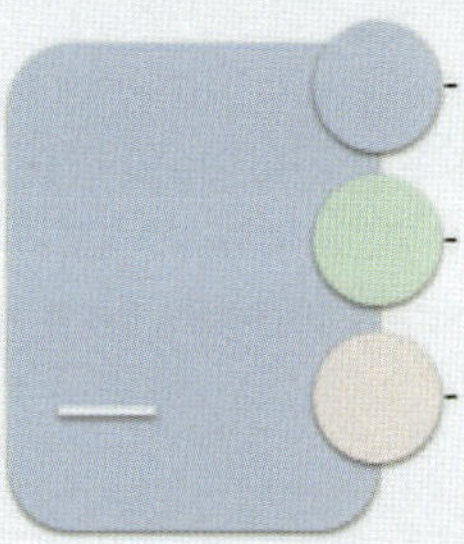 Imagen destacada	Para mostrar una idea fotográfica central con ideas relacionadas a un lado.

Tablas

Las tablas permiten organizar la información en filas y columnas, de forma que se pueden realizar operaciones y tratamientos sobre ellas. Por ejemplo, ordenar una lista de nombres.

Otra utilidad de las tablas es su uso para mejorar el diseño de los documentos, ya que facilitan la distribución de los textos y gráficos contenidos en sus celdas. Esta característica se emplea sobre todo en la construcción de páginas web para Internet.

Una tabla está formada por celdas o casillas, agrupadas por filas y columnas, en cada celda se puede insertar texto, números o gráficos.

Aquí tienes un ejemplo de una tabla.

	Sony Pictures	**Fox**	**Universal**	**Disney**
Nº películas y series	1.112	1.066	1.139	740
Alguna película	El Señor de los Anillos	Astérix en América	Apolo 13	Peter Pan
Alguna serie	Embrujada	The Simpsons	Doctor en Alaska	Entre fantasmas

Para insertar una tabla en Word 2016, empleamos el botón *Tabla* de la ficha **Insertar**. Al pulsarlo se abre un menú en el que podemos escoger, de modo gráfico, las dimensiones (número de columnas y número de filas) de la tabla que queramos crear. Por defecto, Word calculará el ancho disponible para cada una de las columnas dividiendo la anchura del área imprimible del papel entre el número de columnas.

Como alternativa a esta forma de insertar la tabla, existe también la posibilidad de dibujarla "a mano": la opción "Dibujar tabla" transformará el puntero del ratón en un lápiz y con su ayuda podremos trazas las líneas de separación de filas y columnas como si estuviésemos bosquejando la tabla en una hoja de papel.

En la siguiente imagen puedes observar cómo dibujar una tabla.

Una vez tenemos creada la tabla vamos a ver cómo introducir contenido en ella. En términos generales, no hay diferencia entre introducir texto dentro o fuera de una tabla.

- **Desplazarse.**

  Para desplazarse por las celdas de una tabla se puede utilizar el ratón o las teclas del cursor.

  Al pulsar la tecla **TAB** en la última celda de la tabla se crea una nueva fila.

- **Seleccionar.**

  Los elementos que podemos seleccionar en una tabla, y el método para hacerlo, son:

Para seleccionar	Siga este procedimiento
Una celda	Haz clic en el borde izquierdo de la celda.
Una fila	Haz clic a la izquierda de la fila.
Una columna	Haz clic en el borde superior de la columna.

- **Borrar.**

  Para borrar una celda, columna o una fila basta con seleccionarla y pulsar la tecla **Retroceso**, si sólo queremos borrar su contenido pulsar la tecla **Supr**.

Todas las operaciones sobre las tablas se pueden ejecutar desde las fichas **Diseño** y **Presentación**, que solamente aparecen cuando estamos ubicados en una tabla.

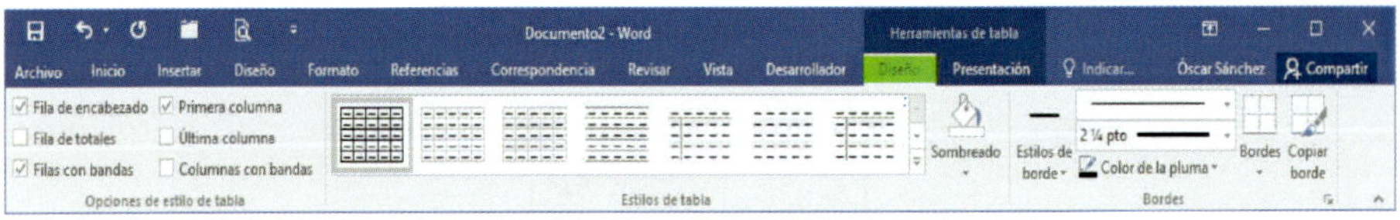

Figura 3.1. Ficha Diseño.

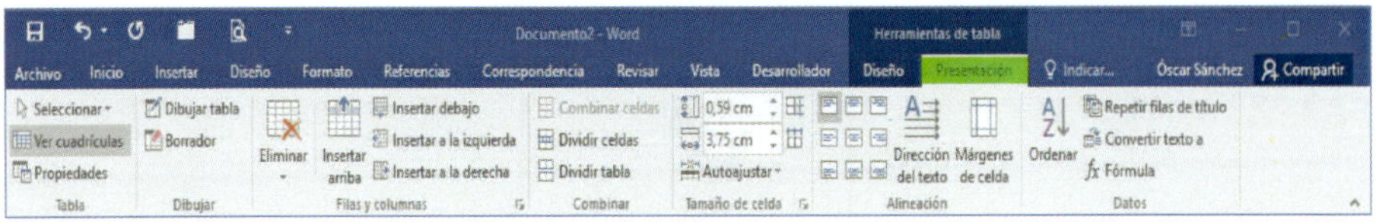

Figura 3.2. Ficha Presentación.

Ortografía y gramática

La revisión ortográfica y gramatical es otra de las grandes aportaciones de los procesadores de texto.

Evitar que haya errores en nuestros textos es ahora mucho más fácil. No obstante conviene saber que revisar un documento, y que Word no encuentre ningún error, no quiere decir que necesariamente sea así, ya que hay errores que Word no puede detectar puesto que dependen del contexto.

Ejemplo

Si escribimos "En la vaca del coche había muchas maletas" y "¡Vaya baca más grande!". Word no detectará ningún error puesto que tanto "baca" como "vaca" son palabras correctas que existen en el diccionario, aunque en el primer caso la palabra correcta es "baca" y en el segundo caso "vaca".

La revisión ortográfica consiste en comprobar que las palabras de nuestro texto no son erróneas, y la revisión gramatical trata de que las frases no contengan errores gramaticales como por ejemplo "Las niñas son buenos"; donde no concuerdan el género del sujeto y del adjetivo.

Para realizar esta revisión pulsaremos sobre el icono 

, ubicado en la ficha **Revisar**, apareciendo un cuadro de diálogo como el que se muestra en la siguiente imagen.

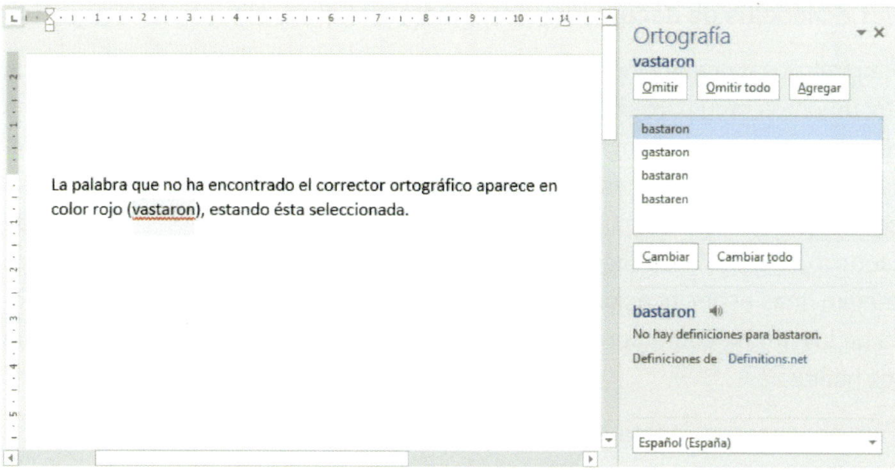

Siguiendo esta imagen las opciones que se nos presentan son las siguientes:

- **Palabra no encontrada**. Aparece en color rojo la palabra no encontrada (vastaron).
- **Lista** con las palabras más parecidas que ha encontrado Word en sus diccionarios.
- **Omitir**. No realiza ninguna acción sobre la palabra no encontrada y continua revisando el documento.
- **Omitir todo**. Cada vez que vuelva a encontrar la misma palabra la pasará por alto sin realizar ninguna acción sobre ella. Continúa revisando el documento.
- **Agregar**. Añade la palabra no encontrada al diccionario personalizado.
- **Cambiar**. La palabra seleccionada de la lista sustituirá a la palabra no encontrada.
- **Cambiar todo**. Cambia automáticamente todas las veces que aparezca la palabra seleccionada de la lista por la palabra no encontrada.

Por defecto, mientras escribimos un texto, Word está revisando la ortografía y la gramática, de tal forma que si encuentra un error ortográfico nos lo muestra con un subrayado de color rojo, y si lo que encuentra es un error gramatical, nos lo muestra con un subrayado de color azul.

3.3.7. Modelos de documentos: fax, memorándum, etc.

Hay trabajos y operaciones en los que es preciso elaborar con mucha frecuencia documentos muy parecidos: por ejemplo, facturas, albaranes, faxes, etc. Estos documentos poseen muchos elementos comunes, y solo existen, por lo general, pequeñas variaciones entre ellos: así, todas las facturas de una empresa poseen el mismo diseño, una serie de textos idénticos ("Fecha:", "Número de factura", "Cliente", "Concepto", etc.). Es posible, además, que dichas facturas tengan unas especificaciones de página y otras características de formato fuera de lo común, como por ejemplo márgenes más pequeños (o mayores) que los habituales.

Para no tener que repetir en cada factura todos estos elementos comunes, especificar cada vez diseños, márgenes y demás, podemos definir una **plantilla de documento**. Una plantilla es un documento que, al abrirlo, **crea** un documento nuevo con el **contenido** especificado en la plantilla. De este modo, podemos añadir, modificar y borrar elementos y a continuación guardar el documento como si se hubiese creado de cero.

Una de las ventajas de las plantillas es que facilitan la reutilización de los elementos entre diferentes personas. En Internet, de hecho, pueden encontrarse multitud de plantillas para los más diversos usos, tanto en el campo del procesamiento de textos como en otros.

Utilización de plantillas

Word emplea, si no se le especifica otra cosa, una plantilla por defecto en todo nuevo documento. Esta plantilla es la que especifica los márgenes, estilos y otros muchos elementos. Dicha plantilla se denomina *Normal*.

De todas formas, cuando se abre un documento nuevo desde la ficha **Archivo**, el programa nos da la opción de crearlo a partir de una plantilla existente, tal y como puedes ver en la siguiente imagen.

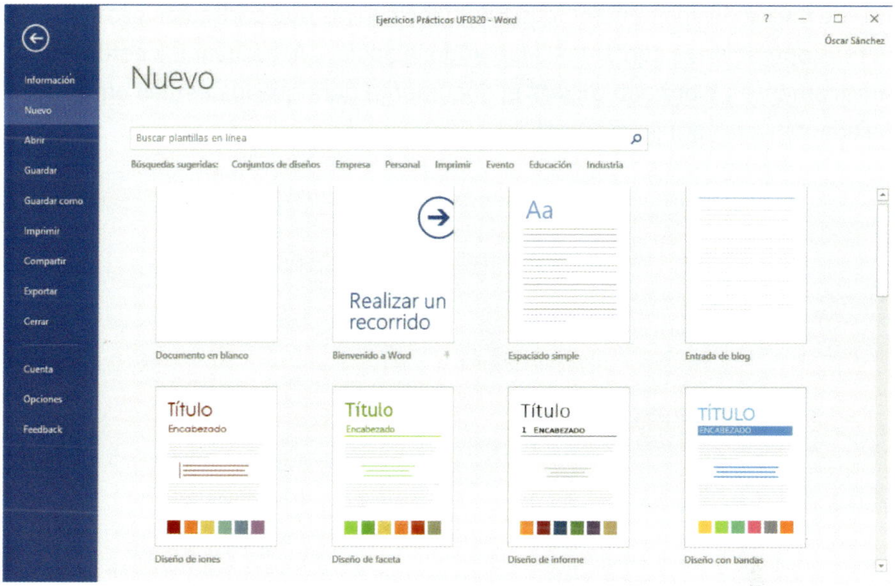

Creación, guardado y modificación de plantillas de documento

Para **modificar** las opciones de la plantilla **Normal**, debemos en primer lugar hacer que aparezca en la aplicación la ficha **Programador**. Lo haremos seleccionando **Opciones de Word** en el menú que se despliega al pulsar la opción "Personalizar cinta de opciones", marcar la casilla "Desarrollador", tal y como se puede ver en la siguiente imagen.

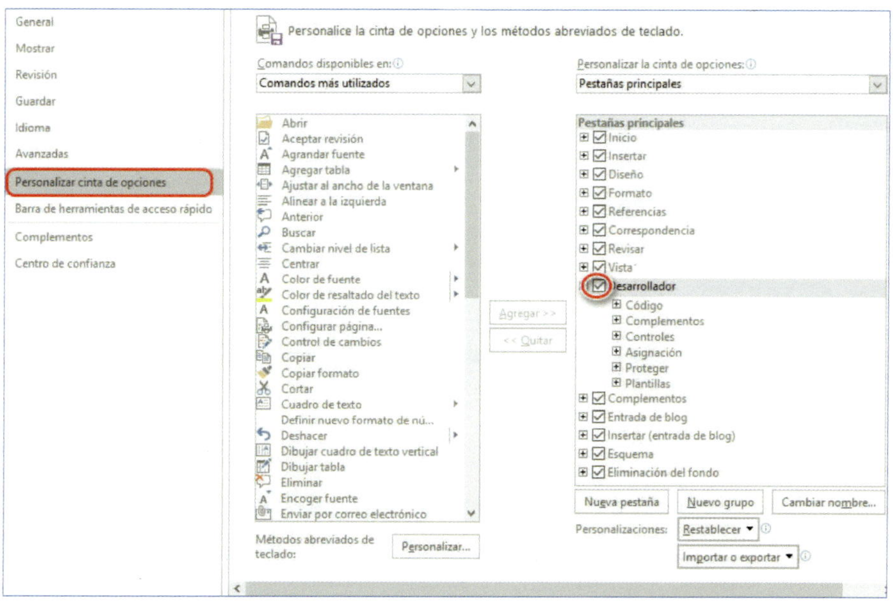

En ella hay un Grupo denominado **Plantillas** con las que podremos gestionar diversas operaciones con estas. Marcando la opción "Actualizar los estilos automáticamente", Word actualizará el documento para que los estilos empleados se adapten a la configuración de la nueva plantilla.

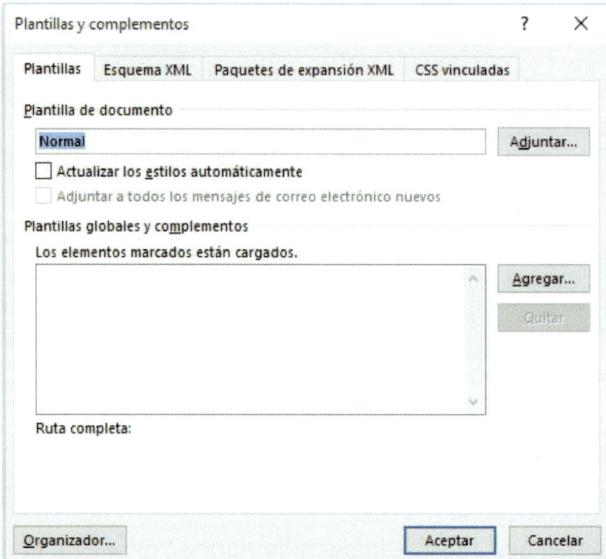

Crear una plantilla es una acción muy sencilla, ya que la tarea fundamental es decidir qué elementos se van a incluir en la misma.

Una vez que se haya decidido qué es lo que va a contener la plantilla, lo único que hay que indicarle a Word es que el tipo de documento es una plantilla, y esto se realiza seleccionando la opción **Plantilla de Word** en el cuadro de diálogo Guardar, tal y como podemos ver en la siguiente imagen.

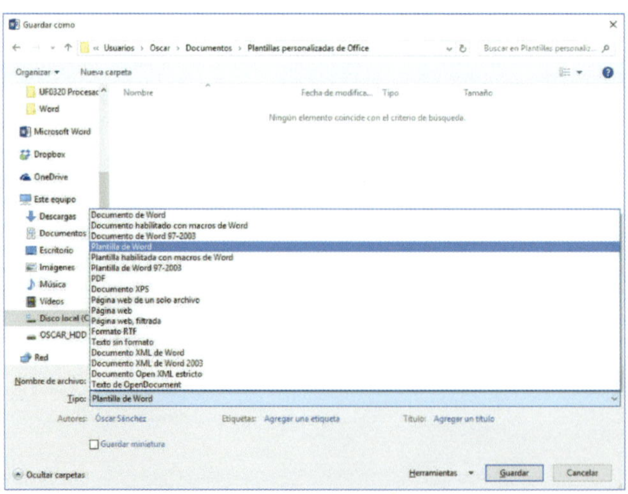

Cuando se guarda un documento en formato de plantilla, éstas poseen la extensión .dotx.

3.3.8. Impresión de documentos

Lo más habitual es que después de haber creado un documento, éste se imprima. Para imprimir un documento deberemos pinchar en la ficha **Archivo** y seleccionar la opción *Imprimir*. En la ventana que aparece, nos permite elegir las siguientes opciones:

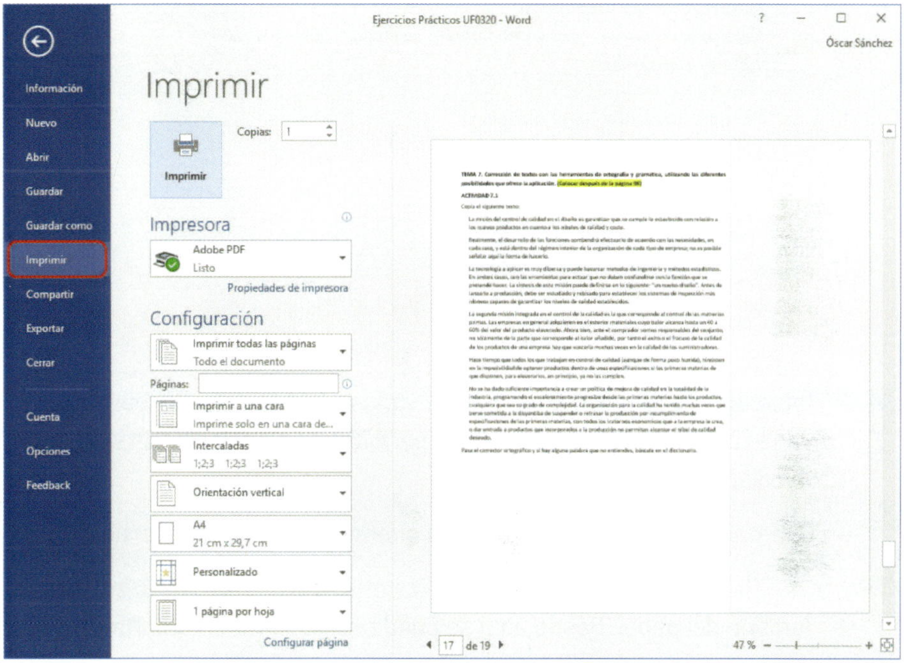

- **Impresora**. Habremos de seleccionar aquella que se quiere emplear de la lista de impresoras disponibles (las impresoras instaladas en nuestro sistema operativo). La configuración de la impresora se verá en el siguiente apartado.
- **Intervalo de p**áginas. Las opciones disponibles dentro de este epígrafe son:
  - — Páginas a imprimir. A través de esta opción podremos seleccionar qué páginas se imprimirán, y si deseamos que aparezcan las revisiones o la información del documento, entre otras cosas.

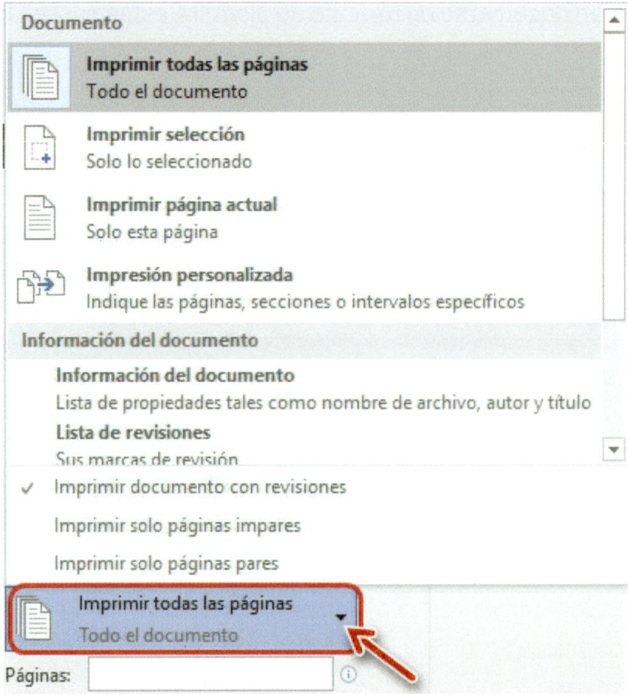

- Intercaladas. Si el documento tiene varias páginas, y se desean imprimir varias copias de ellas, esta opción permite definir si las hojas saldrán intercaladas o no.
- Orientación. Permite seleccionar la orientación de la hoja: vertical u horizontal.
- Tamaño del papel. Desde aquí se puede seleccionar el tamaño del papel en el que se imprimirá.
- Márgenes. Gracias a esta opción podremos modificar los márgenes del documento.
- Páginas por hoja. Podemos seleccionar que, en lugar de imprimir una página por hoja, reduzca el tamaño del documento para poder imprimir varias páginas en la misma hoja.

- **Copias**. Número de copias que queremos obtener.
- **Imprimir**. Al pulsar sobre este botón comenzará la impresión del documento en función de los párametros que se hayan establecido en las opciones de Configuración.

Configuración de la impresora

Hemos de indicar que cada impresora tiene distintas opciones de configuración, por lo que los cuadros que aparezcan dependerá de la que tengamos instalada. La mayoría de ellas presenta un aspecto similar al que se muestra en las siguientes figuras.

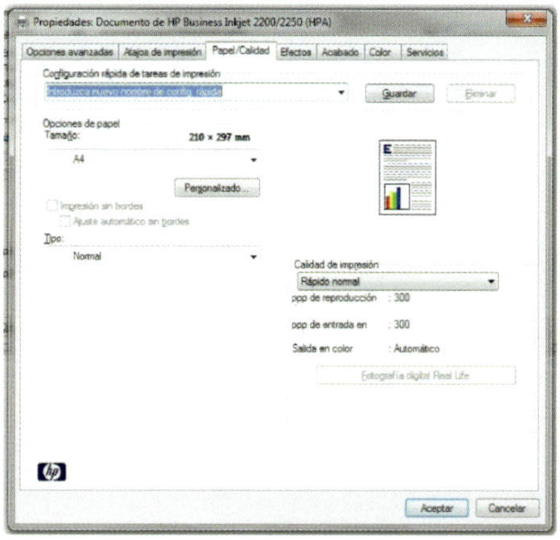

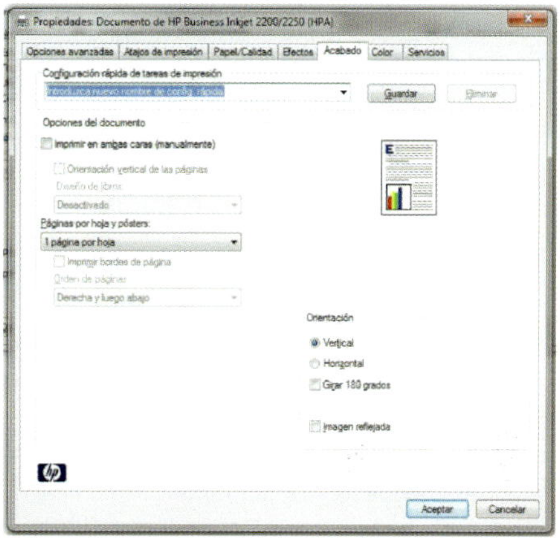

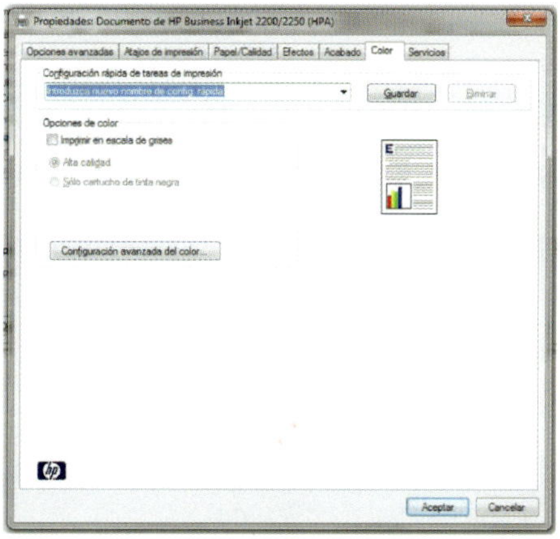

Actividades propuestas

3.1. Contesta a las siguientes preguntas ayudándote de Internet si es necesario.

1. Una vez mandado un correo electrónico, este:
   a. Nunca se puede modificar.
   b. Se puede modificar en algunas ocasiones.
   c. Siempre se puede borrar.
   d. Se almacena en la Bandeja de Salida.
2. ¿Cómo se indica que un mensaje lleva incluido un archivo adjunto?
   a. Con una admiración.
   b. Con un clip.
   c. Con un dibujo.
   d. Dependerá del archivo adjunto.
3. ¿Dónde se guardan los mensajes guardados a la espera de ser enviados?
   a. Bandeja de salida.
   b. Borrador.
   c. Bandeja de entrada.
   d. Ninguna de las respuestas anteriores es correcta.
4. ¿Cuál de los siguientes formatos de dirección de correo electrónico no es válido?
   a. juan/p@taya.com
   b. aytozaragoza@zaragoza.es
   c. lucia.r@peris.net
   d. alex_r.p@aidet.org
5. Cuando se manda un correo electrónico, este:
   a. Pasa directamente al ordenador del destinatario.
   b. Pasa de un ordenador a otro hasta que llega al equipo del remitente.
   c. Va del servidor del remitente al servidor del destinatario.
   d. Ninguna de las respuestas anteriores es correcta.
6. Cuando se desea mandar un correo electrónico a varios destinatarios, la dirección de estos va separada por:
   a. Coma.
   b. Dos puntos.

c. Punto y coma.
d. Guión.

7. ¿Qué protocolos se suelen utilizar para trabajar con el correo electrónico?
   a. POP2 – IMPA.
   b. IMAP – SMTP.
   c. POP3 – HOST.
   d. Ninguna de las respuestas anteriores es correcta.

8. ¿Cuál de las siguientes características del correo Webmail es correcta?
   a. Es necesario configurar el programa de correo que se quiera utilizar.
   b. Únicamente se utiliza un servidor de correo para poder enviar y recibir mensajes.
   c. Tiene todas las opciones para poder gestionar el correo.
   d. Sólo se necesita el nombre de usuario para acceder al correo.

9. ¿Cuántos archivos adjuntos se pueden enviar en un mensaje de correo electrónico?
   a. Depende de la capacidad del servidor saliente.
   b. No hay límite.
   c. 10 archivos.
   d. Depende de la capacidad del servidor entrante.

10. ¿Cuál de los siguientes elementos no es común a todos los programas de correo electrónico?
    a. Bandeja de entrada.
    b. Elementos enviados.
    c. Contactos.
    d. Todos son comunes.

11. ¿Qué opción se puede utilizar para agilizar el envío a varios contactos que cumplan alguna característica en común?
    a. Contactos.
    b. Libreta de direcciones.
    c. Grupos.
    d. Reglas de mensajes.

12. Un mensaje de correo electrónico llega a su destinatario:
    a. Siempre, aunque el ordenador esté apagado.
    b. Si el ordenador está apagado no llega el mensaje.
    c. Siempre y cuando los dos utilicen el mismo programa de correo.
    d. Ninguna es correcta.
13. ¿Qué función se utiliza para organizar el correo entrante?
    a. Reglas de mensajes.
    b. Correo Web.
    c. Carpetas personalizadas.
    d. Centro de seguridad.
14. Una vez enviado un mensaje, éste pasa a la carpeta:
    a. Elementos enviados.
    b. Elementos de salida.
    c. Elementos eliminados.
    d. Borrador.
15. Si deseamos mandar un correo electrónico a varias personas, pero no queremos que las demás sepan a quién se lo hemos mandado, pondremos la dirección en el cuadro:
    a. Para.
    b. CC.
    c. CCO.
    d. De.

3.2. Crea una cuenta de correo electrónico con cualquiera de los proveedores que se han explicado en el tema (Gmail, Yahoo!, Outlook...) y manda un mensaje de correo electrónico a tu profesor, indicándole que mañana no vas a asistir a clase porque tienes visita médica.

3.3. Manda un mensaje a todos los compañeros de clase adjuntando una fotografía.

3.4. Utilizando Microsoft Outlook (o cualquier otro programa de correo), da de alta en "Contactos" a todos tus compañeros de clase y a tu profesor.

3.5. La empresa en la que estás trabajando se está planteando utilizar un programa gestor de correos, pero no tienen claro cuál utilizar. El dueño de otra empresa del sector ha comentado que ellos utilizan Microsoft Outlook, pero no sabe muy bien qué se puede hacer con este programa. ¿Puedes ayudar a tu jefe? (Ayúdate de Internet si fuera preciso).

1. ¿Qué se puede gestionar con Outlook?
2. ¿Qué opciones de seguridad tiene este programa en cuanto al correo electrónico? ¿Desde qué opción se configuran?
3. ¿Cómo se crea un contacto en Outlook?
4. ¿Es mejor utilizar otro programa como Gmail? ¿Qué opciones dispone Gmail?
5. ¿Qué diferencia hay entre un protocolo POP3 y un protocolo IMAP? ¿Cuál es mejor?
6. Gmail y, en algunos casos, Outlook, se pueden sincronizar con dispositivos móviles. ¿En qué consiste esta opción?

3.6. Vas a realizar un proyecto colaborativo con varios de tus compañeros y habéis acordado utilizar Microsoft Outlook como programa de agenda electrónica. Para ello:

1. Crea una cuenta de Gmail para utilizar como correo.
2. Configura la cuenta de Gmail para poder configurar el correo de Outlook como POP.
3. Configura Outlook para poder trabajar con la cuenta de correo creada.
4. En el Panel de navegación, dentro de la Bandeja de Entrada, crea las carpetas:
   - CORREO PERSONAL.
   - CORREO SECRETO.
5. Para la clasificación de elementos, vamos a seguir el siguiente protocolo:
   - Color Amarillo: Trabajo.
   - Color Verde: Personal.
   - Color Rojo: Importante.

   A partir de ahora, asigna colores según consideres que la actividad se corresponda con trabajo, personal o si se considera importante.
6. Envía un Correo a tres compañeros. El asunto será: "Agregar contactos". En el cuerpo del mensaje indica que "estás realizando las prácticas en un equipo informático".

7. Mueve un correo a la carpeta CORREO SECRETO.
8. Agrega los Contactos del correo recibido. Asígnales una empresa, una página web, teléfono de empresa y móvil, dirección postal y un logotipo de su empresa.
9. Envía un Correo a, por lo menos, dos compañeros. Debe aparecer al menos una dirección en el campo Para y otra en el campo CC. El Asunto será: "Agregar más contactos a mi libreta de direcciones". Marcar como IMPORTANTE.
10. Envía un Correo a tres compañeros. En Asunto establece: "Más prácticas de equipo informático". Sus direcciones deben aparecer en el campo CCO.
11. Envía un Correo a dos destinatarios; uno con dirección en el campo Para y otro en el campo CC. El que recibe el correo Para... ¿puede ver a quién más se ha enviado el correo?
12. Elimina la carpeta CORREO SECRETO. ¿Qué ocurre con el contenido de esta carpeta? ¿Se puede recuperar de la papelera de reciclaje? ¿Se puede deshacer esta operación?
13. Cambia el nombre de la carpeta CORREO PERSONAL por PERSONAL. No hace falta que esté en mayúsculas.
14. Agrega a los remitentes de los correos remitidos como Contactos.
15. Crea un Contacto con la siguiente información:
    - Nombre: Profe
    - Empresa: IES
    - Email: profe.ies@gmail.com
    - Teléfono de la empresa: 976 22 23 34
    - Dirección de la empresa: Avda. de los Trabajadores, 7 – 50016 Zaragoza
16. Crea dos Grupos de Contactos, cada uno de ellos con cinco contactos. Uno se llamará CLIENTES y otro AMIGOS.

    Clasifica a cada uno de los integrantes en la categoría correspondiente.
17. Mira la bandeja de mensajes enviados. ¿Cuál es el último archivo que aparece?

18. Envía un Correo a Grupo CLIENTES cuyo contenido es libre. Adjunta un archivo de Word que tengas en el ordenador. Solicita confirmación de entrega del mensaje y confirmación de lectura.
19. Clasifica los Correos que recibes de clientes como TRABAJO.
20. Responde al emisor del mensaje.
21. Responde a todos. Envía el mensaje "Siguiente reunión: el próximo lunes".
22. Envíate tres mensajes de Correo con contenido en negrita, subrayado..., utilizando los formatos HTML, Texto enriquecido y Texto sin formato (cada mensaje, uno). ¿Qué diferencias hay entre ellos?

3.7. Cada vez es más habitual gestionar varias cuentas de correo, ya sea en el trabajo o a nivel personal. Ya sabes que Outlook nos permite configurar varias cuentas, pero además es posible organizar automáticamente los mensajes entrantes en diferentes carpetas, y esto es posible gracias a las Reglas de correo.

Lo que vas a realizar es esto precisamente, una organización automática de los correos a través de las reglas. Para ello, realiza lo siguiente:

1. En la Bandeja de entrada crea dos carpetas, una que llamarás PROFESORES y otra que llamarás COMPAÑEROS.
2. Accede a YouTube y busca un videotutorial que te explique cómo crear reglas de correo electrónico con Outlook (verás que hay muchos vídeos de esta temática, si no encuentras uno de la versión 2016, no te preocupes, utilizando uno de la versión 2013 también te servirá).

   Un posible vídeo que puedes ver es el que puedes encontrar en la siguiente dirección: https://www.youtube.com/watch?v=9QTNbeSJjhY.
3. Crea una regla para que los mensajes que te manden los profesores vayan a la carpeta PROFESORES.
4. Crea otra regla para que los mensajes que te manden tus compañeros de clase vayan a la carpeta COMPAÑEROS.

3.8. En la figura de la página siguiente se muestra la ventana de Microsoft Word 2016. Tomando como referencia la figura adjunta, responda a las preguntas 1 a 10 que se le plantean señalando la opción que considere correcta.

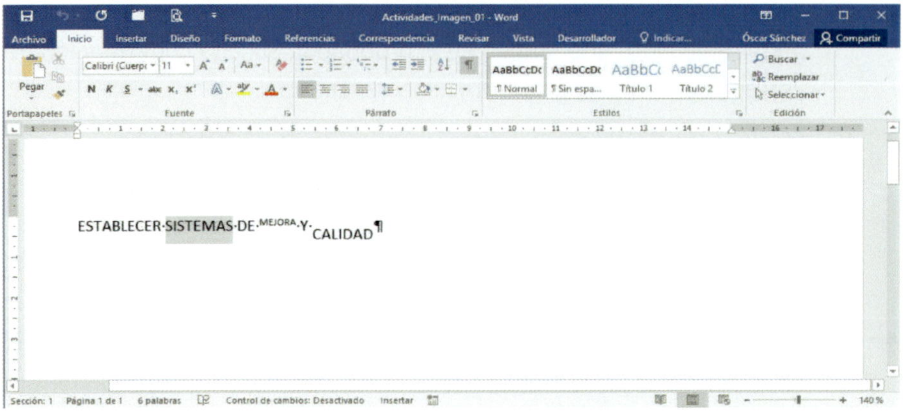

1. ¿Cómo se ha conseguido el efecto de la palabra "MEJORA"?
   a. Mediante la opción Posición del menú Fuente
   b. Mediante un Efecto de fuente
   c. Estableciendo un Espaciado
   d. Configurando el Interlineado
2. ¿Qué opción se ha utilizado para la palabra "SISTEMAS"?
   a. Resaltar
   b. Color de texto
   c. Color de relleno
   d. Trama
3. ¿Qué opción de Párrafo se ha utilizado en el párrafo?
   a. Sangría Izquierda
   b. Sangría Derecha
   c. Espaciado
   d. Ninguna de las anteriores
4. ¿Cuál es el margen superior establecido?
   a. 3 cm.
   b. 2 cm.
   c. 2,5 cm.
   d. 2,25 cm.
5. ¿Qué vista se observa en la imagen?
   a. Lectura de pantalla completa
   b. Diseño Web

c. Esquema
d. Ninguna es correcta

6. ¿En qué Grupo de los que se muestran está ubicado el icono para poder cambiar el color del texto?
   a. Portapapeles
   b. Párrafo
   c. Estilo
   d. Fuente

7. ¿Qué nombre tiene el archivo?
   a. No se puede saber
   b. Todavía no tiene nombre
   c. Documento1
   d. Documento1 – Microsoft Word

8. ¿Qué alineación de texto se puede observar?
   a. Izquierda
   b. Derecha
   c. Centrada
   d. Justificada

9. ¿A qué distancia del borde de la hoja se encuentra el párrafo?
   a. 2,5 cm.
   b. 3,3 cm.
   c. 3,5 cm.
   d. 4,0 cm.

10. ¿Qué tipo de fuente se ha utilizado para escribir?
    a. Arial.
    b. Times New Roman.
    c. Calibri.
    d. No se puede saber.

3.9. Contesta a las siguientes preguntas ayudándote de Internet si es necesario.

1. ¿Qué quiere decir que un párrafo esté justificado?
   a. Que todas las líneas del párrafo tengan la misma separación entre sí.

   b. Que todas las líneas del párrafo estén alineadas a la izquierda.
   c. Que todas las líneas del párrafo estén alineadas en ambos márgenes.
   d. Todas las respuestas anteriores son correctas.

2. ¿Cómo seleccionamos un párrafo del documento?
   a. Haciendo triple clic con el ratón sobre él.
   b. Situándonos en su comienzo y pulsando la combinación Ctrl + Mayúsculas + Flecha abajo.
   c. Situando el puntero del ratón al comienzo del párrafo y arrastrándolo hasta el final manteniendo el botón del ratón pulsado.
   d. Todas las respuestas anteriores son correctas.

3. Características como cursiva, negrita, subrayado, etc., se denominan:
   a. Tipos de letra.
   b. Variaciones de fuentes.
   c. Estilos de fuentes.
   d. Letra capital.

4. ¿Para qué se emplea el atajo Ctrl + V?
   a. Para cortar el texto seleccionado.
   b. Para mover un párrafo del documento.
   c. Para eliminar el texto que hemos escrito en los últimos minutos.
   d. Para pegar el último contenido que hayamos cortado o copiado.

5. Fíjate en la regla de la figura. ¿Qué ocurre si hacemos clic con el botón izquierdo del ratón sobre el centímetro 9 de la regla?

   a. No ocurre nada.
   b. Modificamos la sangría izquierda del párrafo.
   c. Añadimos una tabulación centrada al párrafo.
   d. Añadimos una tabulación izquierda al párrafo.

6. Siguiendo con la figura de la regla, ¿qué tipo de sangrías tiene aplicadas?
   a. Sangría francesa.
   b. Sangría derecha.
   c. Sangría izquierda.
   d. Todas las respuestas anteriores son correctas.

3.10. Escribe el siguiente texto:

«Al hacer clic en el icono Portapapeles de la pestaña de Inicio, se despliega un menú en la parte izquierda de la pantalla, en el que aparecen los archivos o elementos que contiene. Estos elementos han sido copiados o cortados durante la sesión y no desaparecen, sino que se pueden volver a utilizar en este u otro documento durante la misma sesión, sin ser necesario hacerlo de forma inmediata».

Establece las siguientes opciones de fuente:

- Fuente: Arial
- Estilo: Negrita
- Tamaño: 12 puntos
- Color: Verde oliva
- Efecto: Relieve
- Espaciado: Expandido 3 puntos

3.11. Escribe el siguiente texto:

Conductores por puntos

Ya se ha aprobado, por una amplia mayoría, el nuevo carné por puntos (sólo votaron en contra los siete diputados del PNV). No se aplicará hasta finales de año y lo que la DGT denomina "núcleo duro" de las sanciones se mantendrá. El nuevo permiso otorga 12 puntos iniciales a los conductores, salvo a los noveles, que les otorgan ocho, que irán perdiendo a medida que se cometan infracciones.

El Ministro del INTERIOR ha destacado los buenos resultados de este sistema en lugares como Italia, Francia y el Reino Unido. Sin embargo, me ha llamado la atención el caso de Alemania: se castiga duramente causar la muerte a alguien por negligencia. Curiosamente, con el nuevo sistema en España, alguien que atropelle a un peatón conduciendo ebrio no perderá el carné (sólo una suspensión temporal).

En cambio, un conductor que conduzca a 190 kilómetros por hora con un índice de alcoholemia superior a la tasa máxima, aunque no haya puesto en peligro a nadie, tendrá que examinarse de nuevo para volver a conducir. Además de este vacío legal, el sistema por puntos supondrá la retirada de unos 6.000 carnés cada año en nuestro país. Los CONDUCTORES podrán perder todos los puntos de golpe, mientras que en Francia sólo se quitan ocho como máximo.

Hace unos meses que recibí mi "L", después de mucho sacrificio, y ahora los CONDUCTORES noveles sólo tendrán ocho puntos durante tres años.

Espero que el nuevo permiso ayude a evitar ACCIDENTES y salvar vidas. Aún así, todavía hay muchas contradicciones en la normativa y parece como si algunas decisiones se hubiesen tomado de forma aleatoria, sin rigor alguno por parte de los asesores del Gobierno.

A partir de ahora, además de tener que pagar los 1.400 euros que cuesta aproximadamente el carné, tendremos que realizar cursos de reciclaje si perdemos los puntos a un precio de .... ¡¡Qué bonito es nuestro País!!

Lleva a cabo las siguientes instrucciones para darle formato:

<table>
<tr><th colspan="3">CONFIGURACIÓN</th></tr>
<tr><td>Superior: 1,5
Inferior: 1,5
Tamaño de papel:</td><td>Izquierda: 1,5
Derecha: 1,5
Ancho: 21 cm
Alto: 29,7 cm</td><td>Encuadernación: 0 cm
Encabezado: 1,25 cm.
Pie de página: 1,25 cm.
Orientación: Vertical</td></tr>
<tr><td colspan="3">Fuente Predeterminada: Times New Roman 10 ptos.</td></tr>
</table>

<table>
<tr><th colspan="3">PÁRRAFO "CONDUCTORES POR PUNTOS"</th></tr>
<tr><td>Sangrías:
• Todas: 0 cm.</td><td>Espaciados:
• Todos: 0 ptos.</td><td>Fuente: Predeterminada 14 ptos.
Subrayado: Solo palabras</td></tr>
<tr><td>Alineación: Centrada</td><td>Interlineado: Sencillo</td><td></td></tr>
<tr><td>Fuente "C":
• Arial Black 36 ptos. en Negrita</td><td colspan="2">Fuente "PUNTOS":
• Comic Sans MS 16 ptos. en Negrita y Cursiva
• Color: Verde lima
• Efectos: Relieve</td></tr>
</table>

<table>
<tr><th colspan="3">PÁRRAFO "Ya se ha aprobado..."</th></tr>
<tr><td>Sangrías:
• Todos: 0 cm.</td><td>Espaciados:
• Anterior: 0 ptos.
• Posterior: 6 ptos.</td><td>Fuente: Predeterminada 14 ptos.</td></tr>
<tr><td>Alineación: Justificada</td><td>Interlineado: Sencillo</td><td></td></tr>
<tr><td colspan="2">Fuente "comentan infracciones":
• Arial 20 ptos. en Negrita
• Color Rojo
• Espacio expandido en 2 ptos.</td><td>Fuente "aprobado":
• Verdana 24 ptos.
• Superíndice</td></tr>
<tr><td colspan="2">Fuente "(" y ")" (paréntesis):
• Arial Black 26 ptos.
• Escala 200%
• Posición disminuida en 4 ptos.</td><td>Fuente "12 puntos":
• Predeterminada 12 ptos. en Negrita</td></tr>
</table>

<table>
<tr><th colspan="2">PÁRRAFO "El Ministro del Interior..."</th></tr>
<tr><td>Espaciados:
• Anterior: 14 ptos.
• Posterior: 14 ptos.</td><td>Fuente: Arial 13 ptos.</td></tr>
<tr><td>Alineación: Justificada</td><td>Interlineado: Sencillo</td></tr>
<tr><td>Fuente "Interior":
• Negrita
• Subrayado Onda
• Doble tachado, mayúsculas y sombra</td><td>Fuente "Italia", "Francia", "Reino Unido", "Alemania" y "España":
• Predeterminada 15 ptos. en Negrita y cursiva
• Color: Gris 50%
• Efecto grabado</td></tr>
<tr><td>Fuente "." (puntos):
• Arial 13,5 ptos. en Negrita
• Escala 200%</td><td></td></tr>
</table>

<table>
<tr><th colspan="3">PÁRRAFO "En cambio, un conductor..."</th></tr>
<tr><td>Espaciados:
• Todos: 0 ptos.</td><td>Fuente: Arial 13,5 ptos.</td><td>Alineación: Izquierda</td></tr>
<tr><td>Fuente "conductor":
• Predeterminada 20 ptos. en Negrita
• Espacio comprimido en 3 ptos.
• Escala del 90%
• Posición elevada en 1 pto.</td><td colspan="2">Fuente "CONDUCTORES":
• Predeterminada 20 ptos. en Negrita
• Color: Fucsia
• Espacio comprimido en 3 ptos.
• Escala del 90%
• Posición elevada en 1 pto.</td></tr>
<tr><td>Fuente "legal", "carnés" y "puntos" (puntos):
• Predeterminada 15 ptos. en Negrita
• Color: Fucsia
• Escala 100%
• Espacio comprimido en 1 pto.</td><td colspan="2"></td></tr>
</table>

<table>
<tr><th colspan="3">PÁRRAFO "Hace unos meses..."</th></tr>
<tr><td>Espaciados:
• Anterior: 15 ptos.
• Posterior: 0 ptos.</td><td>Fuente:
• Comic Sans 14 ptos.
• Escala: 70%</td><td>Alineación: Derecha</td></tr>
<tr><td>Fuente "L":
• Predeterminada en Negrita
• Color: Rojo</td><td colspan="2">Fuente "conductores" y "accidentes":
• Comic Sans 14 ptos. en Negrita
• Escala: 100%
• Efectos: Contorno y Versales</td></tr>
<tr><td>Fuente "," (comas):
• Comic Sans 16 ptos.
• Color: Verde oliva
• Efecto: Sombra</td><td colspan="2"></td></tr>
</table>

PÁRRAFO "A partir de ahora..."		
Espaciados: • Anterior: 14 ptos. • Posterior: 0 ptos.	Fuente: • Predeterminada 12 ptos.	Alineación: Justificada
Fuente "1.400 euros": • Predeterminada en Negrita • Color: Rojo	Fuente "¡¡Qué bonito es nuestro país!!": • Escala: 200% • Espacio expandido en 10 ptos.	

3.12. Copia el texto de la siguiente figura y déjalo lo más parecido posible a lo que se muestra.

Teoría de la Relatividad

Teoría de la Relatividad

La cosmología es la disciplina científica que estudia la estructura del universo, así como lo concerniente a su origen, evolución y estimación futura. El Universo contiene galaxias, cúmulos de galaxias o hipergalaxias, y estructuras de mayor tamaño llamadas supercúmulos, además de materia intergaláctica. Su origen era atribuido en los antiguos pueblos de la Tierra a una fuerza divina creadora de misteriosas materias.

Para ellos, el Universo se limitaba al firmamento visible, pues los aparatos de visualización que se disponían presentaban auxilio al ojo humano. Todavía no se tiene conocimiento real de la magnitud del Universo, a pesar de la avanzada tecnología disponible en la actualidad; se ha convenido que su origen se debe a la explosión y posterior expansión de la materia que se encontraba concentrada en un punto, teoría denominada del *big-bang*.

Se podrían formular las ecuaciones cosmológicas sobre la evolución del Universo, siempre que todo el cosmos cumpliese parámetros isotrópicos y homogéneos[1], es decir, que el Universo presente el mismo aspecto en todas las direcciones[2], y que independientemente del lugar desde donde se observe ofrezca la misma imagen[3]. No obstante, desde nuestra posición en el Universo existen limitaciones importantes para obtener datos con que generar un modelo válido, pues las ecuaciones requieren información sobre la masa contenida, la cual es muy difícil de obtener porque el 90% del Universo es una masa oscura, y por tanto no observable.

Estudio del Universo		
1917	Teoría de la Relatividad	Albert Einstein
1922	Inicio de la teoría del Big-bang	Alexander Friedmann
1929	Ley sobre la Velocidad de recesión de las galaxias	Edwin Powell Hubble

[1] Principio cosmológico
[2] Isotropía
[3] Homogeneidad

El universo

3.13. Siguiendo estas instrucciones, realiza el documento existente al final de las mismas.

CONFIGURACIÓN:

- Margen Superior: 2,5 cm.; Inferior: 2 cm.; Izquierdo y Derecho: 3 cm.
- Encabezado y pie: 1,25 cm.
- Tamaño papel: A4
- Fuente predeterminada: Arial 12 ptos.
- Espaciado anterior de 6 ptos. Interlineado: 1,5 líneas. Sangría 1ª línea: 1,25 cm.
- Alineación justificada

TÍTULO:

- Fuente: Times New Roman 14 ptos. en negrita y versales.
- Alineación centrada

AUTOFORMA:

- Tipo: Forma básica → Esquina doblada con sombra estilo 9
- Alto: 5,84 cm.; Ancho: 7,87 cm.
- Ajuste: Cuadrado a ambos lados
- Distancia desde el texto: Izda. y Dcha.: 0,32 cm.; Arriba y abajo: 0 cm.
- Cuadro de texto → Margen interno izdo. y dcho.: 0,25 cm.; superior e inferior: 0,13 cm.
- Posición → Horizontal: -1,48 cm. desde columna; Vertical: 1,77 cm. desde párrafo

CUADRO TEXTO:

- Fuente: Arial 8 ptos.
- Espaciado anterior y posterior: 6 ptos.

ESQUEMA NUMERADO CUADRO DE TEXTO:

- Espaciado anterior y posterior: 0 ptos.
- Nivel 1:
  - — Alineación izquierda: 0 cm.
  - — Sangría: 2,13 cm.
  - — Fuente: Arial 11 ptos.
- Nivel 2:
  - — Alineación izquierda: 0,9 cm.

— Sangría: 1,9 cm.

— Fuente: Times New Roman 8 ptos.

NUMERACIÓN:

- Primera línea en negrita y sombrado gris 25%
- Interlineado sencillo
- Borde ondulado doble arriba y abajo

TABLA:

- Espaciado anterior y posterior: 0 ptos.
- Interlineado sencillo
- 1ª fila → Fuente: Arial 11 ptos. en color blanco y negrita; Relleno: Color negro
- 2ª fila → Fuente: Arial 10 ptos.

LEY 30/92, DE 26 DE NOVIEMBRE

CAPÍTULO III Instrucción del procedimiento

Sección 1ª **Disposiciones generales**
Artículo 78. Actos de instrucción.
Artículo 79. Alegaciones.

Sección 2ª **Prueba**
Artículo 80. Medios y período de prueba.
Artículo 81. Práctica de prueba.

Sección 3ª **Informes**
Artículo 82. Petición.
Artículo 83. Evacuación.

Sección 4ª **Participación de los interesados**
Artículo 84. Trámite de audiencia.
Artículo 85. Actuación de los interesados

El título VI regula la estructura general del procedimiento que ha de seguirse para la realización de la actividad jurídica de la Administración.

1) **En el capítulo I se regula la iniciación**, que podrá hacerse de oficio o por solicitud de los interesados.

Las solicitudes de los interesados se abren a la posible utilización de medios telemáticos e, incluso audiovisuales, para facilitar su formulación, siempre que quede acreditada la autenticidad de su voluntad.

Se regulan asimismo, en este capítulo, otras cuestiones conexas a la iniciación, como el período de información previa, las medidas probisionales para asegurar la eficacia de la resolución, la acumulación de asuntos y la modificacion o mejora voluntaria de los terminos de la solicitud formulada por los interesados.

2) **El capítulo II, dedicado a la ordenación**, recoge los criterios de celeridad e impulsión de oficio, y contiene un conjunto de reglas destinadas a simplificar y agilizar los tramites del procedimiento.

3) **La instrucción del procedimiento se recoge en el capítulo III** mediante la regulación de las alegaciones, medios de prueba e informes. Recive tratamiento especifico el supuesto, cada vez más frecuente, de emisión de informes por una Administración Pública distinta de la que tramita el procedimiento, previendo que su no evacuación no paralizará necesariamente el procedimiento, a fin de evitar que la inactividad de una Administración redunde en perjuicio de los interesados.

Principios básicos	Para conseguirlos
Economía	Programación del trabajo
Celeridad	Simplificación
Eficacia	Racionalización del procedimiento
	Normalización
	Mecanización

3.14. Copia el documento, lo más parecido posible a la muestra, teniendo en cuenta lo siguiente:

1. Los diferentes párrafos forman parte de una **Lista multinivel**, escritos con diferentes fuentes de letra y con un tamaño de 11 puntos.
2. La **Configuración** de la página es la siguiente:

Margen Superior: 2,30 cm.	Margen de Encuadernación: 0 cm.
Margen Inferior: 2,30 cm.	Tabulaciones predeterminadas: 1 cm.
Margen Izquierdo: 1,40 cm.	Encabezado: 1,50 cm.
Margen Derecho: 1,20 cm.	Pie de página: 1,50 cm.
Tamaño de papel: A4.	Orientación: Vertical

Prueba de examen.

I. Cohete a la luna

Van a lanzar un cohete a la Luna y la tripulación consta de dos chimpancés y un mexicano. De pronto la torre de control avisa que falta muy poco para el despegue y empieza a dar órdenes a la tripulación. ¡ Atención mono Nº1, prepárase para la ignición!. Y el mono, como un poseso, no para de accionar controles. Un fenómeno ¡Atención! Mono Nº2, revise las escotillas y los sistemas de aceleración.

II. Un examen

a) *En una escuela se está haciendo un examen.* El profesor pregunta a uno de los alumnos: A ver, aquel que está cerca de la puerta ¿En qué años desapareció Pompeya?.

- ♦ No lo sé, la verdad.-Pues... ¿ cuándo se incendió Roma?.. Ni idea. El profesor comienza a mosquearse , pero decide darle otra oportunidad:
- ♦ Bueno, sabrá usted decirme cuándo inventó la máquina de escribir. "Pues si le digo la verdad... El profesor no aguanta más y le dice:

b) *¿Se puede saber para que viene usted a esta clase?* ¡por Dios! A poner bombillas soy el electricista.

- ♠ Un chimpancé de un zoo robo un celular y llamó a los guardias para molestar.
- ♠ Los empleados de un conocido[I] zoológico británico, que durante tres días y tres noches fueron bombardeados por llamadas telefónicas anónimas en los que sólo se escuchaban largos y profundos suspiros, descubrieron finalmente que el autor era una mono.
  - ▪ Chippy, un chimpancé de 11 años[II] que había robado el celular de un guardián, se estaba divirtiendo llamando a todos los números guardados en la memoria del teléfono.
  - ▪ Todavía es un misterio cómo Chippy consiguió apoderearse del aparato. Gary Gilmour, el dueño del celular, que ahora espera no sin cierta aprensión la factura, cree que el chimpancé le sacó el teléfono del bolsillo de la chaqueta mientras estaba limpiándole la jaula.

c) *"No me di cuenta para nada"*, contó el hombre, "Pensé que lo había perdido".Menos mal que era un teléfono nuevo y que había guardado sólo el número de mis colegas. Sino, quién sabe cuánto tendría que pagar, agregó Pese a los problemas causados, la mayor parte de los llamador fueron en plena noche.

d) Los empleados del Blair Drummond Safari Park, cerca de la localidad de Stirling, están adminirados de la inteligencia del animal. " No sólo supo robar el aparato sin hacerse ver- Subrayó Gilmour- sino que aprendió a usarlo.

e) Probablemente entendió qué debía hacer mirando a los visitantes que vienen al parque. El chimpancé fue atrapado

---

I *Primera nota*

II *Segunda nota*

3.15. Crea la tabla que se muestra en la imagen utilizando los siguientes formatos:

<table>
<tr><td colspan="2">Nº filas: 3
Altos:
— Fila 1: 1 cm. Exacto
— Filas 2 y 3: 3,2 cm. Mínimo</td><td colspan="2">Nº columnas: 5
Anchos:
— Columna 1: 2,03 cm.
— Columnas 3 y 5: 3 cm.</td><td>— Columna 2: 2 cm.
— Columna 4: 4 cm.</td></tr>
<tr><td colspan="2">Fuente fila 1: Arial 9 ptos., negrita, cursiva, color rojo</td><td colspan="2">Fuente columna 1 (excepto título): Verdana 9 ptos., negrita</td><td>Fuente resto tabla: Tahoma 9 ptos.</td></tr>
<tr><td colspan="2">Alineación vertical columnas 2, 3, 4 y 5: Centro</td><td colspan="3">Alineación horizontal de toda la tabla: Centro</td></tr>
<tr><td colspan="2">Sombreado fila 1: Trama 12,5%</td><td colspan="3">Bordes exteriores: Color gris 80%, Ancho $\frac{3}{4}$ pto.</td></tr>
</table>

Ámbito	***Situaciones***	***Funciones***	***Exponentes***	***Nociones***
Educativo	Información personal	Identificarse. Relatar el origen y el carácter	Yo soy Él es ¿De dónde es?	Pronombres y adjetivos. Nacionalidad Países Verbos
Lúdico	Radio, televisión.	Manifestar gustos acerca de la radio y de la televisión.	¿Te gusta? ¿Estás de acuerdo? No/Sí me gusta	Vocabulario de medios de comunicación. Adverbios.

3.16. En esta actividad vas a practicar con las tablas. Realiza las tablas que ves a continuación, dejándolas lo más parecido posible a la muestra.

Tabla 1.

OPERACIÓN	COMBINACIÓN	OPERACIÓN	COMBINACIÓN
Negrita	[Ctrl N]	Justificar	[Ctrl J]
Cursiva	[Ctrl K]	Espacio simple	[Ctrl 1]
Subrayar	[Ctrl S]	Espacio 1,5	[Ctrl 5]
Alinear a la izquierda	[Ctrl Q]	Espacio doble	[Ctrl 2]
Centrar	[Ctrl T]	Superíndice	[Ctrl +]
Alinear a la derecha	[Ctrl D]	Subíndice	[Ctrl =]

Tabla 2.

ALMACÉN DE VENTA

Fax: 93 803 68 17

Nº DE FACTURA	FECHA	Nº del comisionista

Referencia	Aparato	Cantidad	Precio

Importe bruto	IVA	Portes		Descuento	TOTAL
		Sí	No		

Tabla 3.

	Prohibición	Obligación	Advertencia	Evacuación y salvamento	Lucha contra incendios

Forma	Redonda	Redonda	Triangular	Cuadrado o rectángulo	Cuadrado o rectángulo
Colores y pictograma	Borde rojo. Negro sobre blanco	Blanco sobre azul	Negro sobre amarillo	Blanco sobre verde	Blanco sobre rojo
Significado	Prohíbe un comportamiento peligroso	Obliga a un comportamiento determinado	Advierte de un riesgo o peligro	Salidas de socorro o primeros auxilios o a los dispositivos de salvamento	Elementos relacionados con la lucha contra incendios

3.17. Copia el siguiente texto:

La misión del control de calidad en el diseño es garantizar que se cumple lo estavlecido con relación a los nuevos productos en cuanto a los nibeles de calidad y coste.

Realmente, el desarrollo de las funciones combendrá efectuarlo de acuerdo con las necesidades, en cada caso, y está dentro del régimen interior de la organización de cada tipo de empresa; no es posible señalar aquí la forma de hacerlo.

La tecnologia a aplicar es muy dibersa y puede havarcar metodos de ingenieria y métodos estadisticos. En ambos casos, son las erramientas para actuar que no deben confundirse con la función que se pretende hacer. La sintesis de esta misión puede definirse en lo siguiente: "un nuebo diseño". Antes de lanzarlo a producción, debe ser estudiado y rebisado para establecer los sistemas de inspección más idoneos capaces de garantizar los niveles de calidad establecidos.

La segunda misión integrada en el control de la calidad es la que corresponde al control de las matrerias primas. Las empresas en general adquieren en el esterior materiales cuyo balor alcanza hasta un 40 a 60% del valor del producto elavorado. Ahora bien, ante el comprador somos responsables del conjunto, no sólamente de la parte que corresponde al balor añadido, por tanto el exito o el fracaso de la calidad de los productos de una empresa hay que vuscarla muchas veces en la calidad de los suministradores.

Hace tiempo que todos los que trabajan en control de calidad (aunque de forma poco hunida), hinsisten en la imposivilidad de optener productos dentro de unas especificaciones si las primeras materias de que disponen, para elevorarlos, en principio, ya no las cumplen.

No se ha dado suficiente importancia a crear un política de mejora de calidad en la totalidad de la industria, programando el escalonamiento progresibo desde las primeras materias hasta los productos, cualquiera que sea su grado de complejidad. La organización para la calidad ha tenido muchas veces que berse sometida a la disyuntiba de suspender o retrasar la producción por incumplimiento de especificaciones de las primeras materias, con todos los tratornos economicos que a la empresa le crea, o dar entrada a productos que incorporados a la producción no permitan alcanzar el nibel de calidad deseado.

Pasa el corrector ortográfico y si hay alguna palabra que no entiendes, búscala en el diccionario.

3.18. Realiza lo que aparece en la siguiente imagen y busca el camino para que el cerdito pueda regresar a su casa.

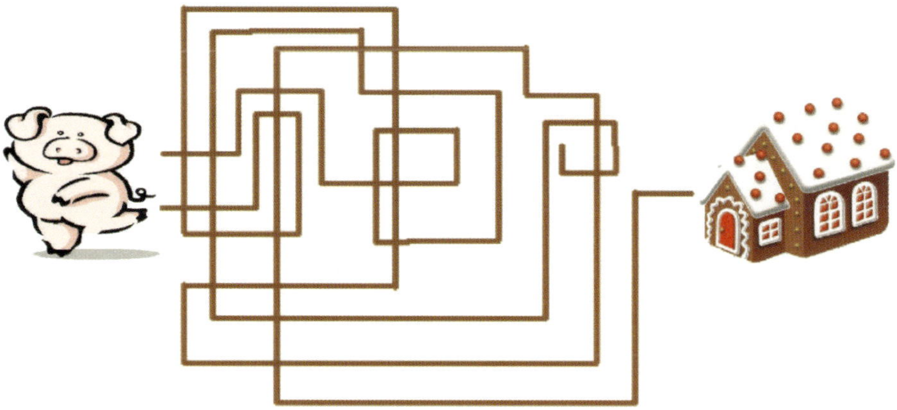

3.19. Realiza los siguientes gráficos SmartArt.

3.20. Realiza una plantilla como la que se muestra en la siguiente imagen.

<Tú Nombre y apellidos>

<Dirección completa>

<CP y Población>

<email>

XXX

XXX

XXX

XXX

Zaragoza, a XXX

Estimados Sres.:

Tras leer su oferta de empleo el pasado día XXX en XXX, me dirijo a Uds. con el fin de remitirles mi Currículum Vitae y poder aspirar al puesto de XXX que solicitan.

Como podrán comprobar en el mismo, tengo experiencia en este campo, ya que estuve desempeñando un trabajo similar por un periodo de XXX años en XXX.

Esperando estudien mi solicitud y en espera de sus noticias, les saluda atentamente.

<Tú nombre y dos apellidos>

Anexo: Currículum Vitae

Soluciones de las actividades propuestas

Actividad propuesta 1.1

1. Directa, interna, individual, ascendente.
2. Directa, interna, individual, descendente.
3. Directa, externa, individual.
4. Directa, externa, colectiva.
5. Directa, interna, individual, descendente.

Actividad propuesta 1.2

Respuesta sugerida:

Elementos Cierraostras:

- Objetivos contradictorios.
- Estados emocionales que perturban la comunicación.
- Acusaciones, amenazas...
- Cortes de conversación.
- Ignorar mensajes importantes del interlocutor.
- Juzgar los mensajes del interlocutor.
- No escuchar.

Elementos Abreostras:

- Estados emocionales facilitadores.
- Escuchar activamente.
- Empatizar.
- Hacer preguntas abiertas o específicas.
- Petición de parecer ("¿qué se te ocurre que podríamos hacer?", "me gustaría conocer tu opinión sobre...", etc.).
- Declaración de deseos, opiniones y sentimientos son "mensajes Yo". ("me gustaría", "deseo", "no deseo que...", "me siento...").

Actividad propuesta 1.3

Respuesta sugerida:

- Demorarse en coger el teléfono.
- No identificarse.
- Utilizar expresiones incorrectas (Sí, dígame...).
- Pronunciar indebidamente.
- No escuchar.
- Terminar la conversación de forma brusca.
- Colgar el teléfono con brusquedad.

Actividad propuesta 1.4

Respuesta sugerida:

- Miguel: Calzados Moliner, le atiende Miguel, ¿en qué puedo ayudarle?
- Perín: Buenos días, ¿podría hablar con el jefe de venta por favor?
- Miguel: ¿De parte de quién?
- Perín: De Perín Lombarte.
- Miguel: Un momento por favor. (Al cabo de 5 segundos). Disculpe D. Perín, el jefe de ventas no está en este momento. ¿Desea que le diga algo?
- Perín: Sí por favor, dígale que me llame en cuanto pueda. Adiós, buenos días.
- Miguel: Adiós, buenos días.

Actividad propuesta 1.5

Respuesta sugerida:

- Tal y como te dije el otro día...
- El producto de nuestra empresa es de los mejores del mercado.
- No se preocupe que estudiaremos si es posible realizarle el descuento que nos solicita.
- Por favor, espere un momento que voy a consultarlo.

Actividad propuesta 1.6

A la atención de: ELENA MONREAL CAMPOS

Mientras estaba fuera

☒ Ha telefoneado

☐ Volverá a llamar

☐ Desea que usted le llame

Nombre: Andrés Gómez Gonzalo (Metales y Retales, S.L.) **Hora:** 9:30 **Fecha:** 5-Octubre-2010 **Teléfono:** (976) 12 87 87	**Mensaje** Asegurarse de la cita que tenían concertada para el 8 de octubre a las 12:30 horas.

Recibido por: Manuel Marco Pereira

Actividad propuesta 1.7

Respuesta sugerida:

- Tú: Movierecor, buenos días, ¿en qué puedo ayudarle?
- Eva: Buenos días, soy Eva Pérez de Discos y Recuerdos, ¿podría hablar con Javier Andrade, por favor?
- Tú: Un momento por favor.

Llamas a Javier.

- Tú: Javier, te llama Eva Pérez de Discos y Recuerdos.
- Javier: Estoy atendiendo a un cliente y no puedo ponerme, toma nota de la llamada y dile a Eva que le llamaré en cuanto pueda.
- Tú: De acuerdo Javier.

Vuelves a retomar la llamada con Eva.

- Tú: Perdona por hacerle esperar. En estos momentos Javier está atendiendo a un cliente y no puede ponerse. Cuando pueda le llamará. ¿Desea alguna otra cosa?
- Eva: No, muchas gracias, buenos días.
- Tú: Adiós, buenos días.

Actividad propuesta 2.1

CARBUROS, S.L.

COMUNICADO INTERIOR

FECHA: 03/05/20xx

DE: DEPARTAMENTO DE CONTABILIDAD

A: DEPARTAMENTO DE NÓMINAS

Asunto: **INFORMACIÓN DE IMPORTANCIA**

Estimados señores:

Les recordamos que durante la primera semana de cada mes tenéis que hacernos llegar la relación de las nóminas de todos los trabajadores, ya que tenemos que proceder a su contabilización.

Para cualquier aclaración no dudéis en poneros en contacto con nosotros.

Actividad propuesta 2.2

Comunicados internos	Avisos
Es un documento utilizado para comunicarse entre sí los diferentes departamentos o secciones pertenecientes a la misma organización.	Sirven para informar a los empleados de la organización sobre diversos hechos que pueden ser de su interés.
El formato utilizado tiene tres partes diferenciadas: Inicio, Contenido y Final.	No tiene una distribución tan diferenciada como los comunicados internos.
Se envía a través de los conductos internos de la empresa, y solamente lo ven las personas afectadas.	Se coloca en lugares públicos para que los empleados puedan leerlo.

Actividad propuesta 2.3

HIERROS METÁLICOS, S.A.

NOTA INTERIOR

FECHA: 04/05/20xx

DE: JEFE DE PERSONAL

A: JEFE DE COMPRAS

Asunto: **DATOS NUEVO EMPLEADO**

Estimado señor:

Ayer se realizó la contratación de D. Manuel Peiró Conesa, que ocupará el puesto de administrativo en tú sección. Está contratado a jornada parcial, desempeñando su trabajo por las mañanas, de 8:00 a 14:00 horas.

Para cualquier aclaración no dudes en ponerte en contacto conmigo.

Actividad propuesta 2.4

TALLERES LÓPEZ, S.L.

AVISO

Se comunica a todos los trabajadores que la semana que viene habrá una Inspección de Prevención de Riesgos Laborales, realizada por el Servicio de Prevención de la empresa.

Zaragoza, 4 de mayo de 20xx

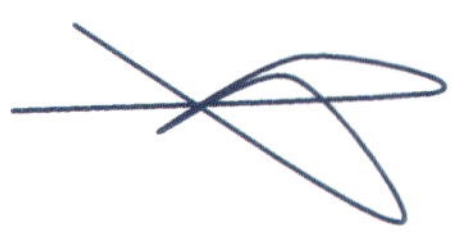

Actividad propuesta 2.5

Esta actividad puede tener varias soluciones.

Actividad propuesta 2.6

No es posible dar una solución a esta actividad ya que se realiza a mano.

Actividad propuesta 2.7

MICOLORES, S.L.L.

A TODO EL PERSONAL

Se pone en conocimiento de todos los trabajadores de la empresa que han llegado los equipos de protección individual, por lo que, a partir de la semana que viene, podéis pasar a buscarlos por el Servicio de Prevención.

El horario de recogida será de 9:00 a 13:00 y de 15:00 a 19:00 horas.

Huesca, 4 de mayo de 20xx

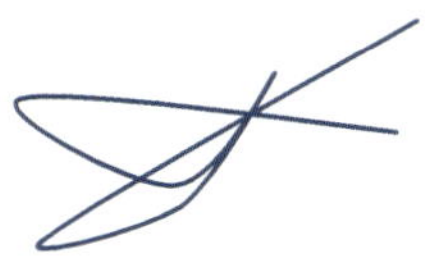

FERRETERÍA MIR

COMUNICADO INTERIOR

FECHA: 04/09/20xx

DE: ENCARGADO DE ALMACÉN

A: JEFE DE ADMINISTRACIÓN

Asunto: **RECLAMACIÓN MATERIAL DE OFICINA**

Estimado señor:

Hace dos semanas te solicité material de oficina, ya que nos habíamos quedado sin existencias. A fecha de hoy todavía no hemos recibido el material y nos es de suma urgencia.

Por favor, te agradecería que me dieras una explicación del porqué no se ha recibido.

Actividad propuesta 2.8

Después de dos largas horas de camino, al fin llegamos a un bello pueblo adonde aún no había llegado el uso de los móviles; debía ser por encontrarse entre las montañas y sólo accesible a través de una pista forestal.

Vivían en el pueblo cinco personas mayores que se dedicaban a cuidar de los animales; asimismo, se ocupaban de unos pequeños huertos. Hablando con la

Sra. Nieves nos decía: "Mi hijo vive lejos y lo echo de menos". Era normal, llevaba casi más de un año sin subir por allá.

El resto de personas que habitaban el pueblo, no llegaban a ser tan mayores como la Sra. Nieves, pero esta circunstancia tampoco nos tranquilizaba porque solo había una persona que tuviera vehículo, ¿qué haríamos los demás si éste se ponía enfermo?

No había que preocuparse, teníamos todo tan bien preparado, que todas las reflexiones estaban de más. Habíamos planificado un viaje para descansar, y así debía ser.

Actividad propuesta 2.9

Juan:

Dejo mis bienes a mi sobrino Juan, no a mi hermano Luis. Tampoco, jamás, se pagará la cuenta al sastre. Nunca, de ningún modo, para los jesuitas. Todo lo dicho es mi deseo.

Luis:

¿Dejo mis bienes a mi sobrino Juan? No: a mi hermano Luis. Tampoco, jamás, se pagará la cuenta al sastre. Nunca, de ningún modo, para los jesuitas. Todo lo dicho es mi deseo.

El sastre:

¿Dejo mis bienes a mi sobrino Juan? No. ¿A mi hermano Luis? Tampoco, jamás. Se pagará la cuenta al sastre. Nunca, de ningún modo, para los jesuitas. Todo lo dicho es mi deseo.

Jesuitas:

¿Dejo mis bienes a mi sobrino Juan? No. ¿A mi hermano Luis? Tampoco, jamás. ¿Se pagará la cuenta al sastre? Nunca, de ningún modo. Para los Jesuitas todo. Lo dicho es mi deseo.

Esta lectura motivó gran escándalo entre los concurrentes y, para poner orden, acudió la autoridad. Esta consiguió restablecer la calma, y después de examinar el escrito, objeto de la cuestión, exclamó en tono severo:

> Señores: aquí se trata de cometer un fraude. El finado no ha testado y, por tanto, la herencia pertenece al Estado, según las leyes en vigor. Así lo prueba esta verdadera interpretación:

> ¿Dejo mis bienes a mi sobrino Juan? No. ¿A mi hermano Luis? Tampoco. Jamás se pagará la cuenta al sastre. Nunca, de ningún modo para los jesuitas. Todo lo dicho es mi deseo.

En su virtud, y no resultando herederos para esta herencia, yo, el Juez..., etc., etc., me incauto de ella en nombre del Estado. Queda terminado este asunto.

Actividad propuesta 3.1

1	a)	6	c)	11	c)
2	b)	7	b)	12	d)
3	b)	8	c)	13	a)
4	a)	9	a)	14	a)
5	d)	10	d)	15	c)

Actividad propuesta 3.2

Actividad de tipo procedimental.

Actividad propuesta 3.3

Actividad de tipo procedimental.

Actividad propuesta 3.4

Actividad de tipo procedimental.

Actividad propuesta 3.5

1. Con Outlook se puede gestionar el correo electrónico, los contactos, las tareas y el calendario.
2. Las opciones de seguridad que tiene Outlook en relación al correo electrónico son:
    - Control sobre la descarga automática de imágenes.
    - Configuración de las macros.

- Cifrar el correo.
- Agregar firma digital a los mensajes salientes.
- Gestión de certificados digitales.

  Se configuran desde el centro de confianza.

3. Hay que llevar a cabo las siguientes acciones:
   - Hacer clic en **Personas,** en la parte inferior de la ventana.
   - Hacer clic en el botón **Nuevo contacto** ubicado en la parte superior izquierda, mostrándose la ventana para dar de alta un contacto nuevo.
   - Escribir el nombre de la persona que se desea agregar en el cuadro **Nombre completo.**
   - En **Correo electrónico,** escribir la dirección de correo electrónico del contacto.
   - En la lista de entradas **Números de teléfono,** pueden agregarse números de teléfono del trabajo y particulares, números de fax del trabajo y números de teléfono móvil.
   - Si se desea, se puede agregar una **Dirección** y una **Fotografía** al contacto.
   - Se puede agregar otra información, como cumpleaños, puestos de trabajo y títulos en **Detalles,** dentro del grupo **Mostrar.**
4. En algunos aspectos es mejor utilizar un programa como Gmail, ya que permite la gestión del correo electrónico, calendario, contactos..., desde cualquier ordenador. Las opciones de las que dispone Gmail son muy similares a las de Outlook (gestión del correo, contactos y calendario).
5. En la siguiente tabla se muestran las ventajas en inconvenientes de cada uno de ellos:

	Webmail (IMAP)	**Clientes de correo (POP)**
Ventajas	• No es necesaria su configuración. • Puedes consultarse desde cualquier ordenador. • Es más difícil infectarse por un virus, ya que los mensajes no se almacenan en nuestro ordenador.	• Rapidez. • No es necesarios estar conectado a Internet para redactar los mensajes, solo hay que conectarse a la hora de enviarlos. • Los mensajes se descargan en el ordenador, por lo que se pueden leer en cualquier momento. • La capacidad de almacenamiento la da nuestro ordenador.
Inconvenientes	• Capacidad de almacenamiento limitada. • Mayor lentitud.	• Mayor facilidad de infectarse con un virus. • Es necesario configurarlo antes de usarlo.

Tal y como se desprende de la tabla anterior, cada uno de ellos tiene sus ventajas y sus inconvenientes, por lo que en función de las necesidades de la organización será mejor adoptar uno u otro.

6. La opción de sincronización consiste en que, automáticamente, los datos introducidos en Gmail u Outlook, automáticamente pasan al dispositivo móvil.

Actividad propuesta 3.6

Actividad de tipo procedimental.

Actividad propuesta 3.7

Actividad de tipo procedimental.

Actividad propuesta 3.8

1	a)	6	d)
2	a)	7	b)
3	d)	8	a)
4	d)	9	b)
5	d)	10	d)

Actividad propuesta 3.9

1	c)	4	d)
2	d)	5	d)
3	c)	6	d)

Actividad propuesta 3.10, 3.11, 3.12, 3.13, 3.14, 3.15, 3.16, 3.17, 3.18, 3.19 y 3.20

No se puede dar una solución a esta actividad, ya que es un documento de procesador de textos.